エネルギーデジタル化の未来

The Future of Digitalized Energy

江田健二
エネルギー情報センター理事

エネルギーフォーラム

第１章

はじめに

「エネルギーのデジタル化は、今世紀最大のビジネスチャンス」と書くと、読者の皆さんのなかには、少し大げさに感じる方もいるでしょう。しかし、エネルギーにおけるデジタル化の波は、これまでのエネルギーの作られ方や利用方法はもちろん、エネルギーに対する見方や価値観を根底から変え、新しい大きなビジネスマーケットを創り出すと考えています。

ここで、「そもそも『デジタル化』とは何か？」という問いが浮かぶ方も多いと思います。「デジタル化」とは、他の言葉で表すと「データ化」ということができます。

「では、エネルギーが『データ化』したことで何が変わるの……？」という方、実は、「デジタル化」あるいは「データ化」が進むことで大きくビジネスが飛躍した身近な例があります。それは、通信の世界です。

この20年間で通信業界が飛躍的に成長し、そして現在も進歩し続けていることは、皆さんも日々の暮らしやビジネスの場で体感されていると思います。家庭にあった黒電話は、あっという間に携帯電話に変わり、さらにはスマートフォンへと進化しましたが、この進化を推し進めたのは、まさにこの「デジタル化」「データ化」であると説明をしたら、その影響力の大きさのイメージが湧くのではないでしょうか。

そこで本書では、エネルギーにおける「デジタル化」「データ化」が招く未来について、通信の歴史をなぞらえつつ紹介をしていきます。

第1章では、エネルギーのデジタル化の契機となる「電力自由化」について解説をしながら、併せて通信におけるデジタル化の歴史を振り返ります。

第2章では、エネルギー（特に電気）がデジタルと融合することで、どのようなテクノロジーが生まれているのか、社会や私たちの生活がどう変わっていくのかを説明します。

第3章では、すでに巻き起こっているエネルギーの変化として、海外・国内における先進企業の最新事例を紹介します。

本書を通じて、これから起こり得る大きな変化について、皆さんと楽しみながら共有できれば幸いです。

２０１７年1月吉日

江田健二

［目次］

第2章　インフラ・ネットワーク層：スマートメーター

第3章

第1章

電力自由化の背景　なぜ日本は自由化に踏み切ったか

エネルギーを取り巻く変化について取り上げるにあたり、最も身近なトピックである「電力自由化」について、ここで改めて説明したいと思います。そもそも、なぜ日本は、電力の自由化に踏み切ったのでしょうか。

ここでまず、自由化以前の日本の電力業界の歴史を簡単に振り返ってみましょう。戦後１９４５年から約50年間、電力事業は地域独占体制で運営されました。関東には東京電力、関西には関西電力、九州には九州電力と地域ごとに大きな電力会社がひとつずつ存在し、それぞれが各地域の「発電・送電・配電・売電」の業務を一気通貫で行ってきました。

戦後の混乱期から日本が脱するには、とにかく企業活動を活性化させることが不可欠でした。そのため、まずは人々の暮らしのライフラインであり、経済活動の生命線のひとつである電気を作る電力会社については、地域独占体制を敷き、過度な企業競争から国が保護し育てることによって、体力をつけさせたのです。電力会社は、電気を供給するだけでなく、それぞれの地域の代表企業として、雇用や福利の面でも地元に多大な貢献をしていきました。日本経済が急速に成長した１９７０年代の高度経済成長期は、こうした地域独

図1

(参考図1)一般電気事業者の供給区域(地域独占の区域)

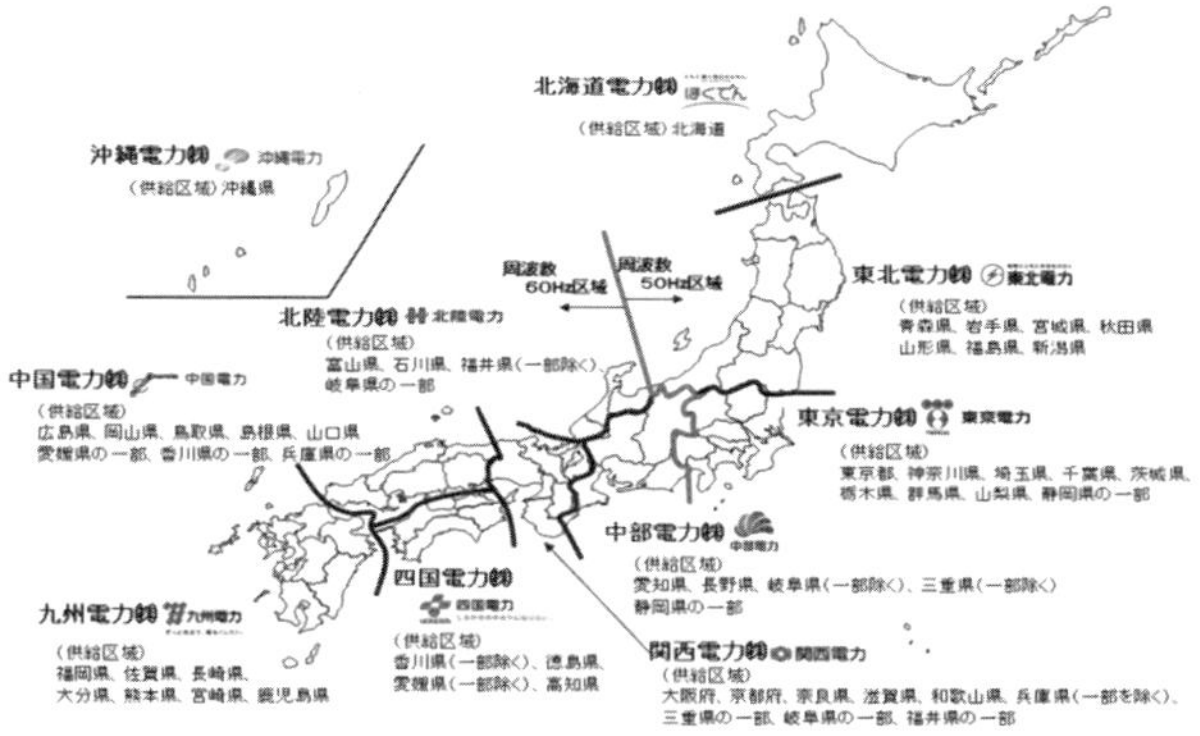

電力会社の地域独占体制が日本経済の発展を支えてきた

[出典]電力システム改革専門委員会「電力システム改革の基本方針」

占型の電力会社が、国の庇護の下に確実に安定的な価格で電気を供給することが日本全体にとって非常に効果的な時代でした。

　しかし、戦後50年以上が経過し、時代のニーズがガラリと変わりました。ビジネスのスピードが速くなり、企業の競争相手は、国内だけでなく世界へ広がりました。企業は、それまでよりも早いサイクルで新しいサービスや付加価値の高い商品を市場に投入することが求められ、また多様な国々の企業を相手に闘っていかなくてはいけない時代に突入したのです。

　企業活動を下支えする電力業界に

も、こうした時代の変化への対応が求められました。それは、従来のやり方を見直し、電力会社そのものに変化を求める声でした。そのために国は、それまでの地域独占型を見直し、異分野の新しい企業や人々にも電力業界に参入してもらうことで、電力業界自体を活性化させることを決めました。そして、１９９５年からまずは発電の自由化から始まり、２０００年から一部小売りの自由化となり、２０１６年４月には家庭への小売りを含めた全面自由化となったのです。私たち一般消費者にはあまり知られていないことですが、電力の自由化が始まったのは、実は20年以上前のことなのです。

電力自由化の影響（個人）

戦後からこれまでの日本の電力業界の流れについて理解していただいたところで、２０１６年４月に始まった電力自由化から、現在の利用状況を見てみましょう。国内の世帯数は、家庭や小規模店舗を合わせると約８０００万世帯です。

そのなかで、今回の自由化を機に電力会社を切り替えたのは、全体の４％程度で、２３４万世帯となります（２０１６年11月末現在)。「どのようなメリットがあるのか？」

図2

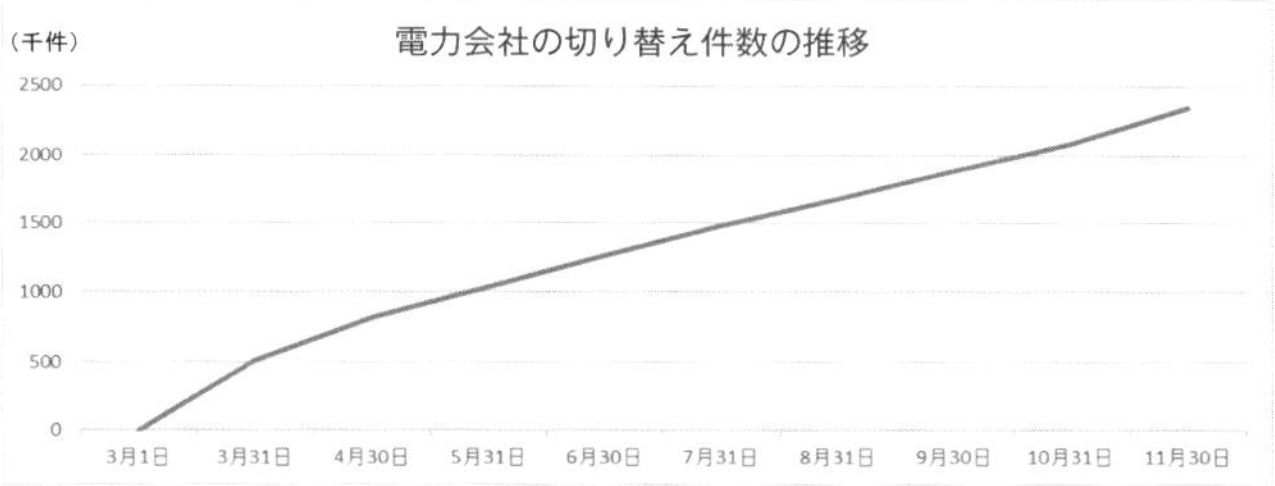

2016年11月末時点で切り替え件数は、234万件（全体の3.7%）

［出典］「電力広域的推進機関」を基に作成

「停電などの心配が本当にないのか?」「どこの電力会社がよいのか迷ってしまう」などの素朴な疑問から、なかなか切り替えに踏み切れず、まずは世間の様子を見ようという家庭が多いようです。

電力会社を切り替えた家庭のうち、半数以上は関東在住の方、次いで関西地方です。グラフで見てみると、全国の234万件のうち、関東は132万件、関西では47万件です。対して中国地方は1万件、沖縄県では0件です。

地域によって、電力自由化に対する消費者の動きに大きな差があることがわかります。この地域差を生んだ大きな理由としては、新規電力会社の参入が一番多いのが首都圏である、ということが挙げられます。

首都圏では、さまざまな会社が電力販売を始めたので、消費者が、その宣伝広告などを目にする機会

図3

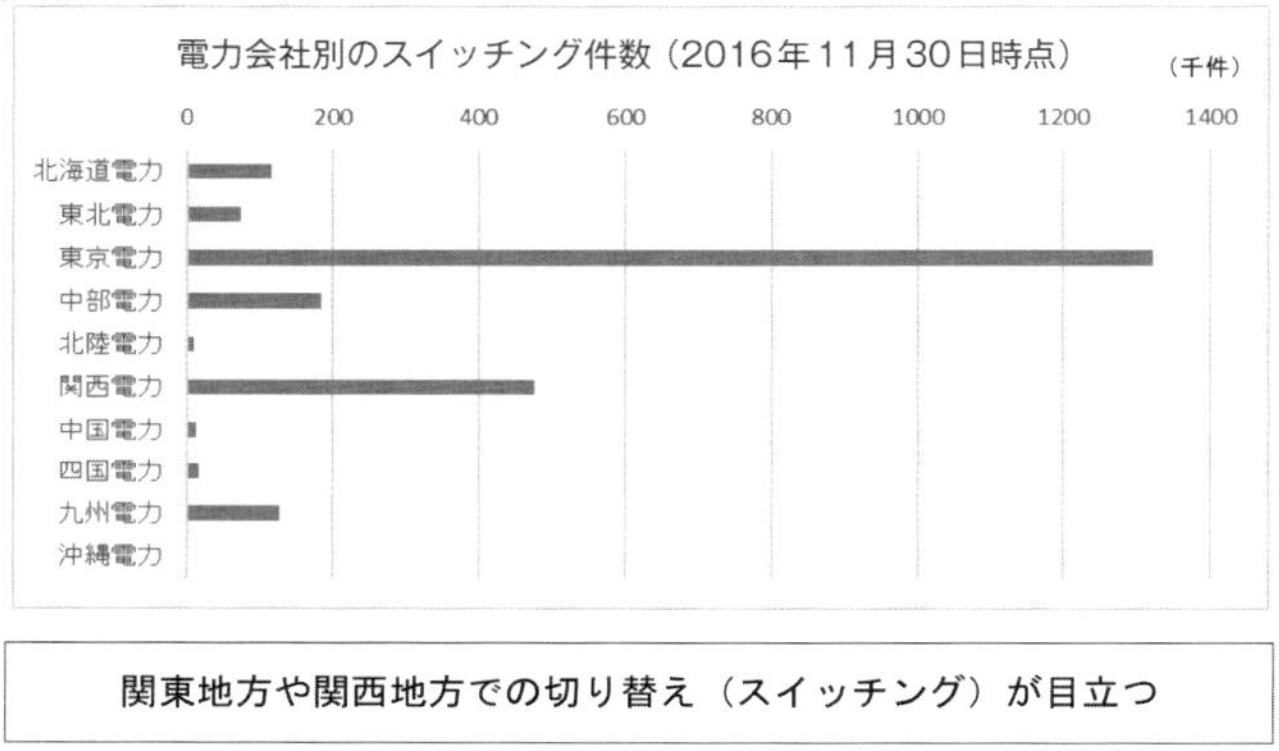

関東地方や関西地方での切り替え（スイッチング）が目立つ

［出典］「電力広域的推進機関」を基に作成

がとても多く、切り替えを検討するチャンスが多いのです。過日、仕事で鳥取県に行くことがありましたが、都内に比べて新電力会社の広告を目にすることがとても少なく感じました。ちなみに鳥取県は、首都圏と比べて選択できる電力会社の数が5分の1程度と、まだまだ少ない状況です。

では、これから果たして電力会社の切り替え率は高まっていくのでしょうか？　3年、5年、10年が経過し、前述のような切り替えにあたっての素朴な疑問が解消され、電力会社を切り替えても問題ないということが家庭に広く浸透していくと、より切り替える家庭は増加するでしょう。

例えば、引っ越しを機会に電力会社を変える家庭や、1年ごとに利用料金を見直して切り替える家庭なども出てくると思います。携帯電話やケーブルテレビの契約と同じように、「今回は、この電力会社にしてみよう」「次回は、あの料金プランにしてみよう」と考える人が増えるでしょう。

電力自由化の影響（法人）

実は、あまり広く知られていないのですが、企業などの法人が利用する電気については、今から10年以上も前から電力会社の切り替えが自由化されていました。大規模な工場やデパートなどは「特別高圧」、工場施設やオフィスビルなどの中規模施設は「高圧」と区分されて、一般家庭とは異なる利用契約を結んでいます。日本では２０００年から、この特別高圧や高圧の利用区分については電力会社の切り替えが可能となり、新規の電力会社が参入しました。

例えば、東京ガスとＮＴＴファシリティーズなどが出資して「エネット」という会社を設立して、この特別高圧、高圧の利用区分への電力販売に新規参入しています。それでも、２０１６年４月の電力小売り全面自由化までは、対象となる企業のうち、５％も切り替わ

図4

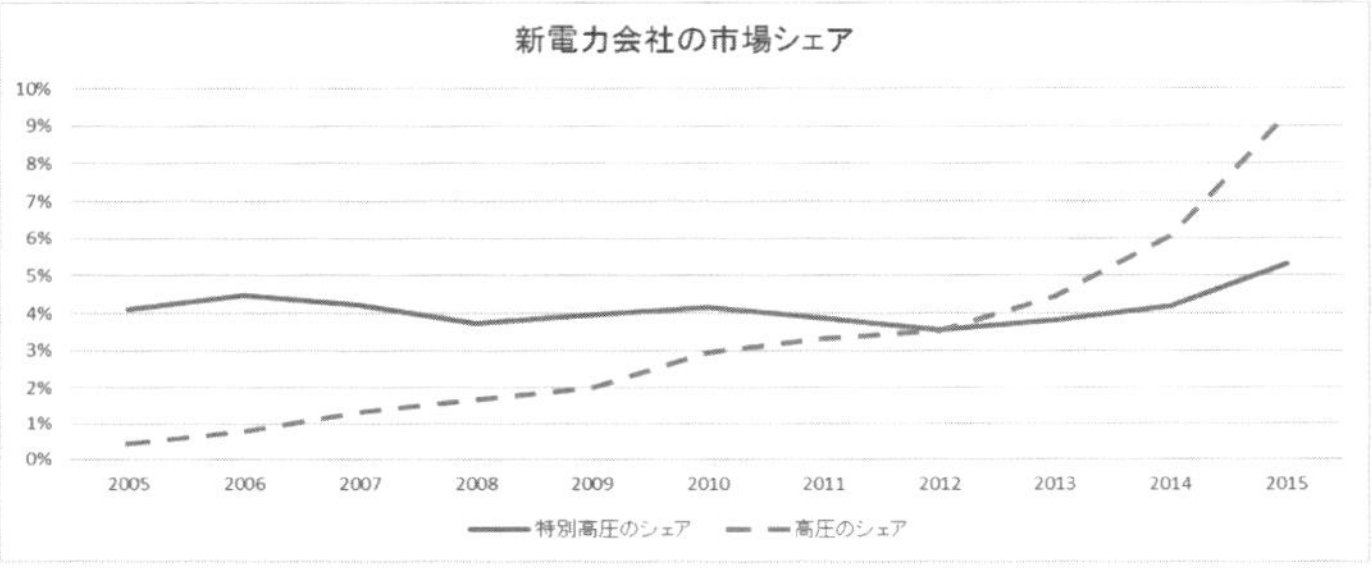

高圧部門の新電力会社のシェアは、約10%に増加

［出典］資源エネルギー庁「電力調査統計表」資料を基に作成

りませんでした。

　切り替えが進まなかったのは、大規模施設を運営する企業は地元の電力会社と仕事の面で関係深く、取引をやめにくいことや、そもそもの参入企業が少ないために、切り替えても電気料金があまり安くならないなどと、理由はさまざまです。また、高圧や特別高圧契約の場合は、そもそも電気利用の料金プランがありません。家庭のように、１キロワットアワー当たり○○円、基本料金△△円と一律ではなく、電気を使う施設ごと個別の金額が設定されます。電力会社を切り替えるには、電力会社へ施設ごとに見積もりを依頼する必要があり、どれだけ安くなるのかは相談してみないとわからないということも、切り替えがあまり進まないボトルネックのひとつです。

　しかし、２０１６年４月の電力小売り全面自由化とともに電気を提供できる新電力会社が増加し、企業にも電力の切り替えが広く認知されました。そのおかげで切り替える企業が急激に増え、今では、高圧の利用契約法人で電力会社を切り替えている割合は1割強となっています。

他業界での自由化（民営化）の効果

ではここで、「自由化」そのものに目を向けたいと思います。一般的に産業の自由化は、どのような効果があるのでしょうか？

「自由化」というのは、「市場の開放」という意味を持ちます。開放された業界では、価格や付加価値が自由に設定できるので、よい意味での企業同士の競争が発生します。企業は、競争に勝つために顧客のニーズを汲み取り、顧客目線でのサービスを生み出していきます。

例えば、通信業界では、１９８５年の通信の自由化以降、長距離電話、ポケベル、携帯電話、電子メール、動画配信などの新しいサービスが次々と生まれ続けています。また、鉄道業界では、国鉄が民営化し、ＪＲとなってから、それまで以上にサービスがよくなっ

図5

通信・運輸などは自由化以降、より顧客目線のサービスが増加

たと感じます。駅は、利用者の目線に合わせて整備され、より快適に清潔になり、案内掲示板は誰が見てもわかるように見やすくなりました。切符の種類や旅行プランも多様になりました。近年で最も目立ったサービスは、電子マネーのSuica（スイカ）の導入です。もし、国鉄としてひとつだけの組織のままであれば、他者と比較されることもなく、また競争する必要がありません。サービスが、これほど向上したかは疑問です。

　空に目を向けると航空業界も昔は、国営企業が独占していました。現在は、国内線はＪＲの新幹線とサービス競争し、航空会社間では、ＪＡＬ、ＡＮＡ、格安航空会社間で競い合っています。国際線では、海外の航空会社と切磋琢磨しています。早割・特割など航空券の種類が多様になり、空港や飛行機の座席が以前よりも格段に快適になっています。

このように、自由化された業界では、企業が知恵を絞り、顧客のニーズを捉えたサービスが生まれます。電力業界も自由化で活性化し、新しい事業が生まれてくると期待されています。これからは、電気の安定供給とともに顧客のニーズを捉えた新たな価値創造が求められる時代になったのです。

電力自由化が魅力的でないと思われがちな3つの理由

通信の世界では、1985年の自由化を皮切りに、携帯電話やインターネットが出現し、世の中を大きく変えていきました。

同じように、これから大きな変革が起こる電力業界ですが、ひとつのターニングポイントは、先ほどから述べている2016年4月の電力小売り全面自由化です。多くの企業が新たなビジネスチャンスを期待して参入し、現在では電力小売事業者が350社以上となっています。

自由化以前は、東京電力をはじめ10社しか存在しなかったことを考えると、とても大きな変化です。ところが、電力自由化を機に参入してきた企業の方々とお話をしていると「参入してみたけれど、電力ビジネスは、あまり魅力的ではなかった」と落胆している方が少なくありません。これは、どうしたことでしょうか？　具体的に、どのような理由があるのかみていきたいと思います。

１つ目は、「利幅が薄い」という指摘です。これは、他の業界と比較してみると、なるほど明らかです。１９８５年に自由化され、爆発的に発展した通信業界は、初めに通信設備などのインフラに莫大な投資がかかります。しかし、全国に通信網をつくり終えれば、それ以降に必要となってくる投資が少ないという特徴があります。

例えば、通話時間に比例して料金が加算されていく通話契約がありますが、通信業者にとっては、利用者の通話時間が10分でも、３時間でも、通信網が配備されていれば、さほどコストに変わりがありません。利用者が通話すればするほど利幅が大きくなる、ということになります。

つまり、ＮＴＴドコモやａｕ、ソフトバンクなどの通信会社大手は、当初に投資をして通信網を完成させてしまえば、それ以降は、高い粗利益率（製品の販売額から直接の製造原価を引いたもの）を維持しながらビジネスを進めていくことができます。実際にＮＴＴドコモやａｕ、ソフトバンクは、粗利益率が高く、業績が好調です。

それに比べて、電気事業者は、電力会社の顧客が電気を利用するたびに電気を発電する燃料費（燃料としては、石油や石炭、液化天然ガスなど）や電気を送る送電費用（託送料金）など、販売額の6〜7割程度が原価＝コストとして発生します。売り上げのわりには、利幅が薄い商売、つまり、あまり儲からない（儲かりにくい）商売だと考えられるのです。

次に、電力事業に魅力を感じられない2つ目の理由としては、「電気は商品として差別化が難しい」という意見があります。これは、きっと読者の皆さんも想像しやすい理屈だと思います。

私たちが使う電気自体には、色も臭いもありません。私たちが野菜や果物、ソファや照明などのインテリアを選ぶ場合は、見て触って、また実際に味わってみながら、自分の好みの品物を比較検討しながら選ぶことができます。ですが、電気は形状などの違いがありません。ましてや、コンセントごとに電気の色が異なることもありません。結果的に、顧客は電気を選ぶ際に違いを見出すのが難しい状況です。

いわゆるコモディティ商品（日用品のように一般化したため品質での差別化が困難となった製品やサービス）なので、差別化が難しい状況にあります。コモディティ商品は、規模の経済（生産量が増大すると、原材料や労働力のコストが下がり、結果収益率が上がる仕組み）が働くため、資本力のある大企業が有利です。

そのうえ、私たちがモノを選ぶときの心理も影響しています。電気自体は、どの電力会社から購入しても、それが原因で停電率が上がるなどということはありませんが、漠然と大きい会社から買うほうが安心と思う人は多いでしょう。例えば、テレビＣＭで見る会社や以前から知っている会社など、そういった企業としての歴史があり、資本力のある会社のほうが信頼感を得やすいので、なかなかベンチャーが消費者にＰＲしていく切り口が見つかりにくく、新しく参入する企業が活躍するチャンスが少ないのではないかといわれます。

３つ目としてあるのは、電力マーケットの先細りの懸念です。それは、これから日本の人口が減っていくので、全体需要が伸びず、マーケットは、小さくなっていくのではないかという指摘です。

日本の人口は、現在の1億２０００万人をピークに、30～40年後には約1億人程度まで減るという予測があります。人口が減りますから、その分、日本全体の電気の使用量も減るだろうという試算は容易です。

対して、通信の自由化は、それまでコードで家とつながれていた電話が携帯可能になることで、新しい通信手段ができ、市場が爆発的に広がりました。世帯に1台だった電話が今では、家族全員がそれぞれの携帯電話を持っています。つまり、新しいマーケットがゼ

図6

電力ビジネスに魅力がないと思われがちな理由

1　利幅が薄い

2　商品としての差別化が難しい

3　日本全体の電力消費が伸びない

ロから生まれたため、企業は、その白地のキャンパスにどんどん色を塗り進めていくような形です。新規参入企業は、伸びていくマーケットの一部でもシェアを取ることで成長できました。

それに比べると電力事業は、携帯電話の登場のような爆発的な市場の拡大予想ができず、それどころかマーケット規模が下り坂（縮小傾向）と予測できるため、苦戦を強いられると考えられています。

以上3つの指摘から考えると、「新しいマーケットをつくりようがない」「新しい会社に勝ち目はない」と感じる方も多いでしょう。実際に話を聞いてみると、電力市場に参入したけれども「どうやって自社は、差別化していくべきだろうか？」「限られた予算の中で、どうやって顧客にPRしていくことができるだろうか？」と、かなり多くの電力会社が悩んでいます。

エネルギービジネス第2章の始まり

3つの理由からもわかるように、確かに「電力ビジネスの将来性が少ない?」という声に納得できる部分はあります。しかし、本当にそうでしょうか?

電力業界の市場規模は約15兆円です。セブンイレブンやローソンなどのコンビニエンスストアの市場規模が約10兆円ですので、その1・5倍の市場規模です。私たちにとっては、この2016年の4月が電力自由化の幕開けのように思えますが、電力の自由化は、突然降って湧いた話ではありません。消費者にはあまり関心を抱かれないながらも、1995年から20年間少しずつ自由化が進んできました。

これまでの20年間をエネルギービジネス変革の第1章として捉えれば、2016年4月は、第2章の幕が上がったばかりといえるでしょう。そして、これから2020年ごろまでは、電力会社同士の価格競争に最も注目が集まり、エネルギー業界への新規参入に魅力が見い出せないかもしれませんが、もう少し先に目を向けると、電気とデジタルが融合することで生まれてくる新たなマーケット、つまり白いキャンバスがあるのです。

今後、電力事業に参入を考えている企業は、2016年4月の時点での、いわば断面図

図7

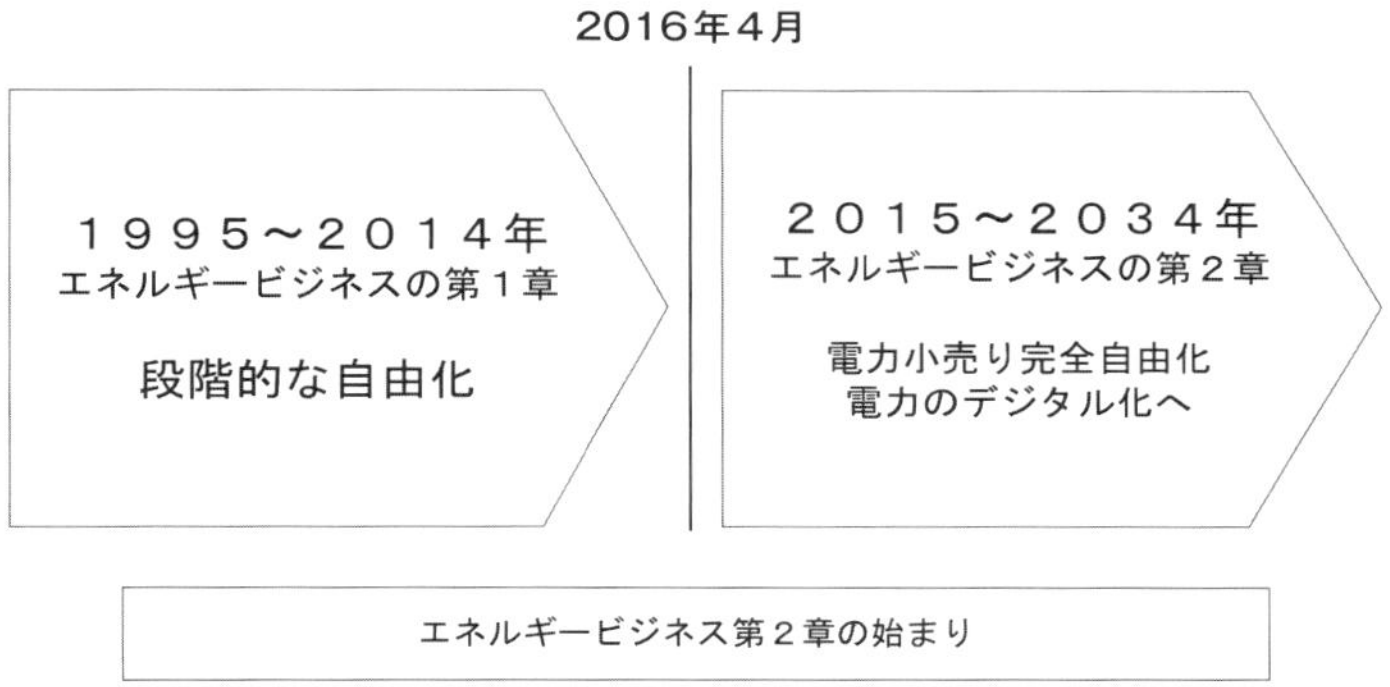

でビジネスを予測するのはもったいない話で、もう少し中長期的な視点でマーケットをみていくことが大切だと、筆者は考えています。中長期的視点の大切さについて、より理解を深めていただくためにデジタルとの融合によって市場が巨大化した例として、通信の自由化についてみていきましょう。

デジタル化された通信分野

通信の自由化が始まったのは1985年です。そのころは、黒電話が家に1台。各家庭に電話番号が1つ割り当てられた時代です。今となっては懐かしい「電話加入権」なるものもありました（余談ですが、いま電話加入権がどうなっているのか、何度か説明を聞く機会がありましたが、理解できませんで

図8

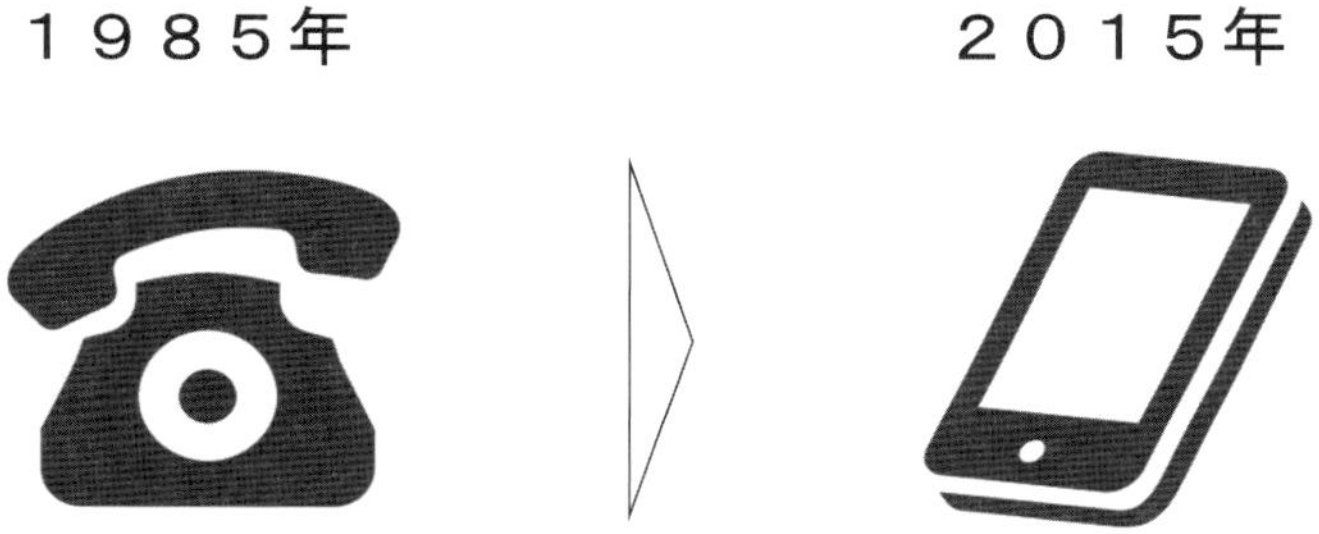

約30年で音声だけから総合コミュニケーションに発展

した）。

それが１９９０年代には、テレホンカードやポケベル、外出先での通信の手段が増えていきました。今では、通信手段の所有権は世帯から、個人へと完全に移り、iPhoneやAndroidなどのスマートフォンの時代となりました。

「アメリカの大統領選挙でトランプ氏が勝った！」など、いま起こった海外の出来事について世界中の人と会話できる時代になりました。通信の自由化によって、通信業界は音声だけのやりとりから、電子メールやメッセンジャーのテキストデータ、電子画像・動画のやりとりを含めた全方位的なコミュニケーションに発展したのです。

25年前だったら夢のような話

今から約25年前の1990年に、友人から次のような話を聞いたら、あなたは「このヒト何を言っているのだろう?・」と不審に思ったでしょう。

- フランスやイギリスに住んでいる友達とリアルタイムで議論したよ
- 世界中の100人以上の友達から誕生日当日にメッセージが届いたよ
- 富山の実家で作った商品を世界中に販売しているよ
- 来週のニュージーランド旅行は、知らない人の家に泊まる予定だよ
- 共通の趣味を持つアフリカの友達を見つけることができたよ

しかし、25年前には信じられなかったことが、今では簡単に、しかもほとんどお金をかけずにできるようになりました。

例えば、ニュージーランドに旅行に行くときもAirB&B(宿泊施設・民宿を貸し出す人向けのウェブサイト)を使えば、知らない人の家に泊まることができます。Facebookを使えば、行ったこともないアフリカで共通の趣味を持つ友人を見つけることもできます。

電子メール、Twitter、楽天、AirB&B、Facebookなどの自由化以降に生まれたサービ

図9

1　フランスやイギリスに住んでいる友達とリアルタイムに議論したよ

2　世界中の１００人以上の友達から誕生日当日にメッセージが届いたよ

3　富山の実家で作った商品を世界中に販売しているよ

4　来週のニュージーランド旅行は、知らない人の家に泊まる予定だよ

5　共通の趣味を持つアフリカの友達を見つけることができたよ

25年前の夢のような話が簡単に実現できる時代

スが、25年前では夢のような話を簡単に無料で実現させているのです。こんなことができる世の中を、１９９０年の時点で、筆者を含め多くの方は想像がついたでしょうか？

１９８５年の通信自由化以降、30年かけて起きた進化が、電気やガスの業界においても今後30〜40年かけて起こるのではないでしょうか。

通信分野で発展した3つの階層①
インフラ・ネットワーク層

通信の分野では、なぜ夢のような話が実現できるようになったのか？　変化を３つの階層に分けて理解していきましょう。

図10

インフラ・ネットワーク階層

つながる手段とつながる頻度が増加

1番目の階層は、インフラ・ネットワーク層です。インフラ・ネットワーク層は、通信回線や通信機器、各種サーバーなどのネットワークを構築するうえで重要な階層で、通信の基盤を担っています。通信する者同士をつなげる、糸電話でいえば「糸」にあたる層として、まずこの階層が発展しました。

自由化当初のサービスとしては、ＤＤＩ（第二電電、旧ＫＤＤＩ）や日本テレコム（旧ソフトバンクテレコム）など。その後、インターネットではニフティサーブ（旧ニフティ）、携帯電話ではＪ-フォン（旧ボーダフォン）など。

以前は、家庭と家庭をつなげる固定電話だけだったものが、携帯電話やインターネット、無線ＬＡＮ、Wi-Fi（ワイファイ）などと広がっていきました。インフラ・ネットワーク層が発展により、つながる手段とつながる頻度が増えていきました。

図11

ハード・ソフトウェア階層

音声以外のコミュニケーション手段が実現

通信分野で発展した3つの階層②
ハード・ソフトウェア層

２番目は、ハード・ソフトウェア層の発展です。この階層の代表はパソコンです。

１９８０年代後半から１９９０年台前半にＮＥＣのＰＣ９８０１（16ビットパソコン）が一時代を築きました。海外勢では、コンパック、ゲートウェイ、ＤＥＬＬ、ＩＢＭなどが日本に進出し大々的に宣伝をしていました。パソコンなどのハードウェア（回路や装置、機器、設備、施設など、物理的な実体を伴うもの）が普及したあとに、１９９０年代になると、そのパソコン上で動くソフトウェアが発展します。

ソフトウェアのひとつとして、ロータスノーツ（文書共有、電子メール、電子掲示板、予定管理などの機能を持ち、グループ内のメンバー間のメッセージ交換や情報共有などができる）が登場しました。ロータスノーツは、グループウェアという製品分野の先駆けとなった製品のひとつで、大企業を中心に広く普及しました。また、マイクロソフトのWindows95（Microsoft社のＯＳ）が登場し、我先に購入しようと秋葉原のパソコンショップにできた行列がテレビで取り上げられました。

１９９５年ころからインターネットブラウザとして、ネットスケープ（ネットスケープコミュニケーションズが開発していたウエブブラウザ）が登場し、マイクロソフトのインターネットエクスプローラーとシェア争いを繰り広げました。

1番目のインフラ階層の上に、このハード・ソフトウェア階層が育つことで、音声以外のコミュニケーション手段が実現するようになりました。

通信分野で発展した3つの階層③　コンテンツ層

一番上にあたる3番目の階層は、コンテンツの階層です。ここは、インターネットが身近になった私たちにとっては、最も馴染みが深い部分といえるでしょう。

図12

コンテンツ階層

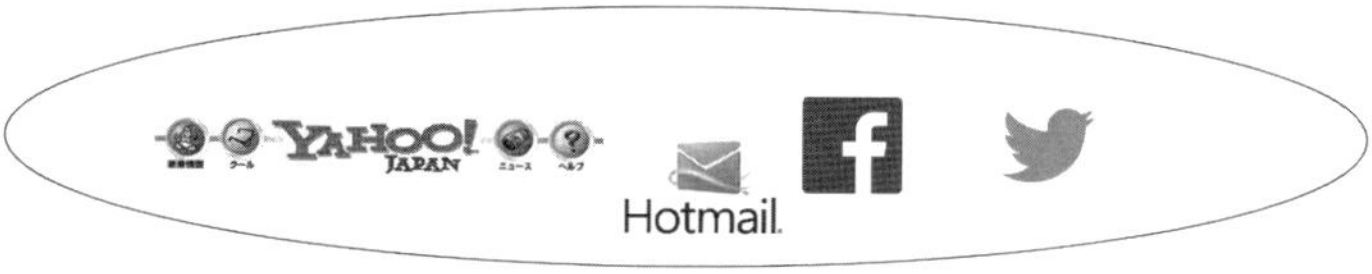

いつでも、どこでもコミュニケーションが可能に

１９９５年ころからインターネットの世界で検索エンジンのYahooが誕生し、コンテンツ層が広がり始めました。また、日本では、コンテンツ層の初期の象徴的なサービスとして、ｉモード（ＮＴＴドコモのフィーチャー・フォンにてｉモードメールの送受信やウェブページ閲覧などができる世界初の携帯電話ＩＰ接続サービス）があります。その後もネットショップ、電子メール、ブログ、ＳＮＳ、スマホアプリなどが次々に登場しました。

具体的なサービスとしては、楽天、Twitter、Facebook、Gmail、ＬＩＮＥ、インスタグラムなどになります。

通信分野で発展した３つの階層がもたらしたもの

以上の３つの階層が育ち、成熟する過程が20～30年前は夢のような話が、すべて実現できるようになったプロセスそのものです。

1番目のインフラ階層、次いでハード・ソフトウェア階層、3番目のコンテンツ階層ごとに、さまざまな企業が製品やサービスを生み出し、各階層が出来上がり、情報のデータベース化や共有化が進みます。以前は、蓄積できずシェアできなかった情報が貯められるようになり、インターネットを介して、いつでも情報へのアクセスが可能になり、共有が素早くできるようになりました。

黒電話の時代、コミュニケーションはアナログの音声だけでした。例えば、AさんとBさんが電話で会話をすると、2人の頭の中以外、話した内容の記録はどこにも残っていません。アナログ時代は、通話履歴はデータとして残りませんでした。しかし、今では、通話内容さえもデジタルになり、あらゆる履歴がデータとして残ります。通話データ以外にも電子メールで送信したメッセージもデータとして残っていますし、動画データももちろん残っています。そして情報が蓄積されるようになり、共有が容易になりました。

情報が蓄積され共有される代表的なサービスとして、インターネット上に数多くの口コミサイトが登場しています。

例えば、インターネットがない時代に、お店の口コミを集めて簡単に共有することはできませんでした。食べ歩きが大好きで、おいしいレストランをたくさん知っているCさん

図13

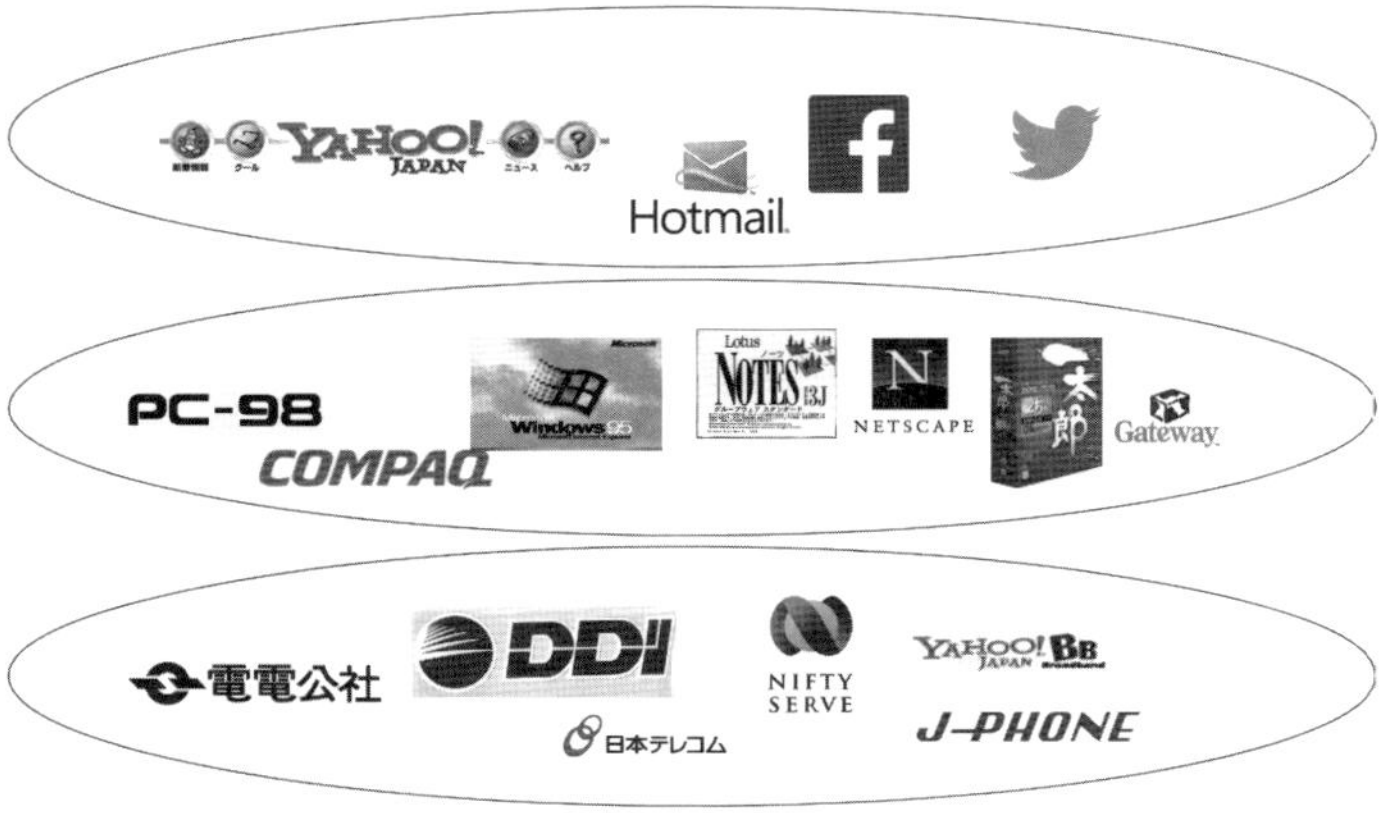

25年前の夢のような話が実現される時代に

が友達にいたとします。インターネットがない時代は、その情報を知るためには、Cさんに電話をして「銀座だったらどこがいいの?」と聞く必要がありました。しかも、その情報は、聞いた人に知らされるだけです。しかし、今はCさんが「銀座だったらここがいいよ」と言うのを情報としてインターネット上に残すことできます。

知りたいと思った人が、いつでも自由に閲覧することができます。実際に行った感想を他の人が追記（更新）することもできます。つまりアナログの時代は、情報を渡した瞬間に、渡した人しか得ることができませんでしたが、デジタル化によって、情報は、インターネット

図14

情報のデータベース化、オープン化、共有化を実現した企業

上に蓄積しておけるようになり（データベース化されるようになり）、共有しやすくなり、人々の行動に大きな影響を与えるようになったのです。

ビジネス的な視点からみると、通信の世界では、情報を蓄積し、整理して利用したい人に提供している会社が成功しています。

例えば、検索エンジン大手のGoogleは、ホームページの情報を集約している企業です。また、飲食店の口コミサイトである「食べログ」は、顧客が飲食店評価をした情報を集約しています。「アットコスメ」は、化粧品の使用感についての口コミ、「クックパッド」は、料理のレシピの情報です。いかにデジタルになった情報を蓄積して、整理するかというところが実は、一番の成功要因になっています。

電力自由化で起こりつつある予兆

この通信の世界での変化と同様に、実は、電力業界でも階層ごとにサービスと技術が育ちつつあります。第2章で詳しく解説しますが、ここで簡単に紹介します。

1番目のインフラ・ネットワーク層での新しい技術は、スマートメーター、ワイヤレス充電です。

スマートメーターは、従来のアナログ式誘導型電力量計と異なり、電力をデジタルで計測し、メーター内に通信機能を持たせた次世代電力量計です。また、ワイヤレス充電は、電気が今のWi-Fiのような形で空中を飛び、コンセントを使わずに充電できる技術です。

さらには、ブロックチェーン（分散型台帳技術、または分散型ネットワーク）も見逃せません。こういった製品やテクノロジーがインフラ・インターネット階層では育ちつつあります。

2つ目のハード・ソフトウェア層では、電気自動車、蓄電池、エネルギーハーベスティング（身の回りの環境から微小なエネルギーを収穫して、電力に変換する技術のこと）の

図15

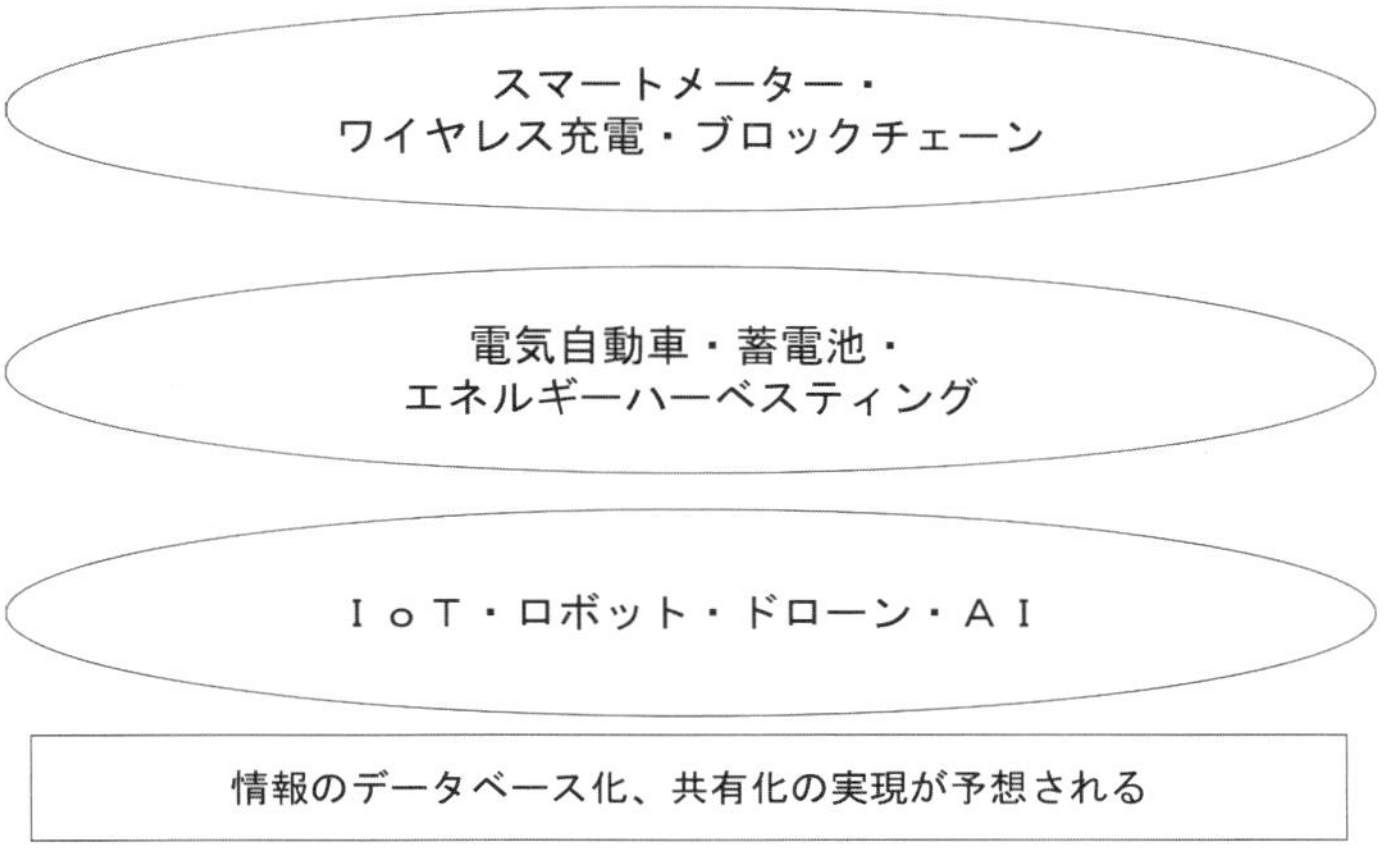

技術が広がりつつあります。

そして３番目のコンテンツ階層では、ＩｏＴ（モノのインターネット化）、ロボット、ドローン（無人航空機）といったものが生まれています。コンテンツ階層で生まれているＩｏＴ、ロボットやドローン、ＡＩ（人工知能）などは、これまでになかった新しく電気を大量に消費する製品・サービスです。

このインフラ・ネットワーク層、ハード・ソフトウェア層、コンテンツ層が、それぞれ進化することによって、電気の利用情報、つまり人やモノの活動情報がデータベース化され、共有化される時代がきます。利用情報を情報資産として、価値を持つ時代がやってきます。第２章では、３つの階層での製品やテクノロジーについて、詳しく触れていきます。

通信の世界では、インフラ・ネットワーク層の変化が主役だったのは、１９８５年から１９９５年ころです。その後、ハード・ソフトウェア層が１９９５年から２００５年ぐらいまでに発展しました。コンテンツ層は、２００５年以降に大成長をとげます。10年単位で主役となる階層が入れ替わりながら発展をとげています。電力の世界に置き換えると、ちょうど半分くらいきたところで、インフラ・ネットワーク層がやっと整いつつある状況です。通信の自由化が30年という時間とともに発展したように、電力業界も全体として30～40年と時間をかけて発展していくのです。

気づき始めている先進企業

電力業界での変化の流れに、早くから気づき始めている企業があります。それは、電気自動車のテスラモーターズ社や、Apple社、Google社です。彼らは、自社で発電や蓄電を行うことで、電気の利用データの分析ノウハウを蓄積し始めています。海外の先進企業は、電力業界が通信業界のようにデジタル化される過程で、大規模で新しいマーケットが切り拓かれていることに気づき、積極的に投資を行っています。

特にテスラモーターズ社は、太陽光発電・蓄電池・電気自動車に積極的に投資を行っています。彼らは、電気を作って貯めて使うところまで全部自社で行う、トータルプロデュースをするという発想です。テスラモーターズ社の創業者のイーロン・マスク氏は、宇宙開発も行っていますが、宇宙太陽光発電などで発電したエネルギーを地球に無線で送電し、提供していくことも構想として考えているようです。

Apple社も独自で再生可能エネルギーの発電を始めています。太陽光発電などに1000億円規模で投資をし、将来的には再生可能エネルギーだけで自社が利用する電気を賄う計画です。もちろん、再生可能エネルギーの活用で、長期的にみるとコストダウンが見込めるという理由もありますが、ゆくゆくApple社は、自社で発電した電気を自社で利用するだけでなく、一般消費者に向けて販売を始めることも容易に予想できます。消費者が日々iPhoneで利用する電気が、Apple社から供給される時代が来るかもしれません。Apple社は、電気自動車事業に参入するのではないかとの噂もあります。「Appleカーは Apple製の電気で」という宣伝が行われるかもしれません。

Google社は、家庭での電気の利用情報を集められるベンチャー企業などを次々と買収しています。Google社は、これまで世界中のインターネット上の情報を集めて、それを検索エンジンという形で整理し、無料で提供しました。検索サービスがあまりにも便利なので、世界中の人が使うようになり、広告ビジネスなどで莫大な収益を生み出しています。Google社は今後、生活の中でスマートメーターなどから吸い上げられる莫大な電気の利用データを集めて整理し、企業や個人に提供していくビジネスを考えているのでしょう。

日本では、家電メーカーなどを中心に最近「IoT」がキーワードになりつつあります。パナソニックが街全体をスマートタウンとしてプロデュースする実証実験を進めています。また、トヨタや日産が電気自動車への本格参入を表明しています。電気を作ること、貯めること、使うところまでをトータルパッケージとしてサービス展開する日本企業も近い将来、必ず出てくると思います。

コラム――通話が無料になっても収益が増える通信ビジネスの仕組み

1985年当時、外出先から電話をするには、公衆電話を探さなくてはいけませんでした。いつも財布の中には10円玉、テレホンカードが必須の時代でした。1990年代後半のインターネットの出現で、そのルールがガラリと変わりました。インターネットが双方向コ

図16　自由化以降も成長する通信関連市場

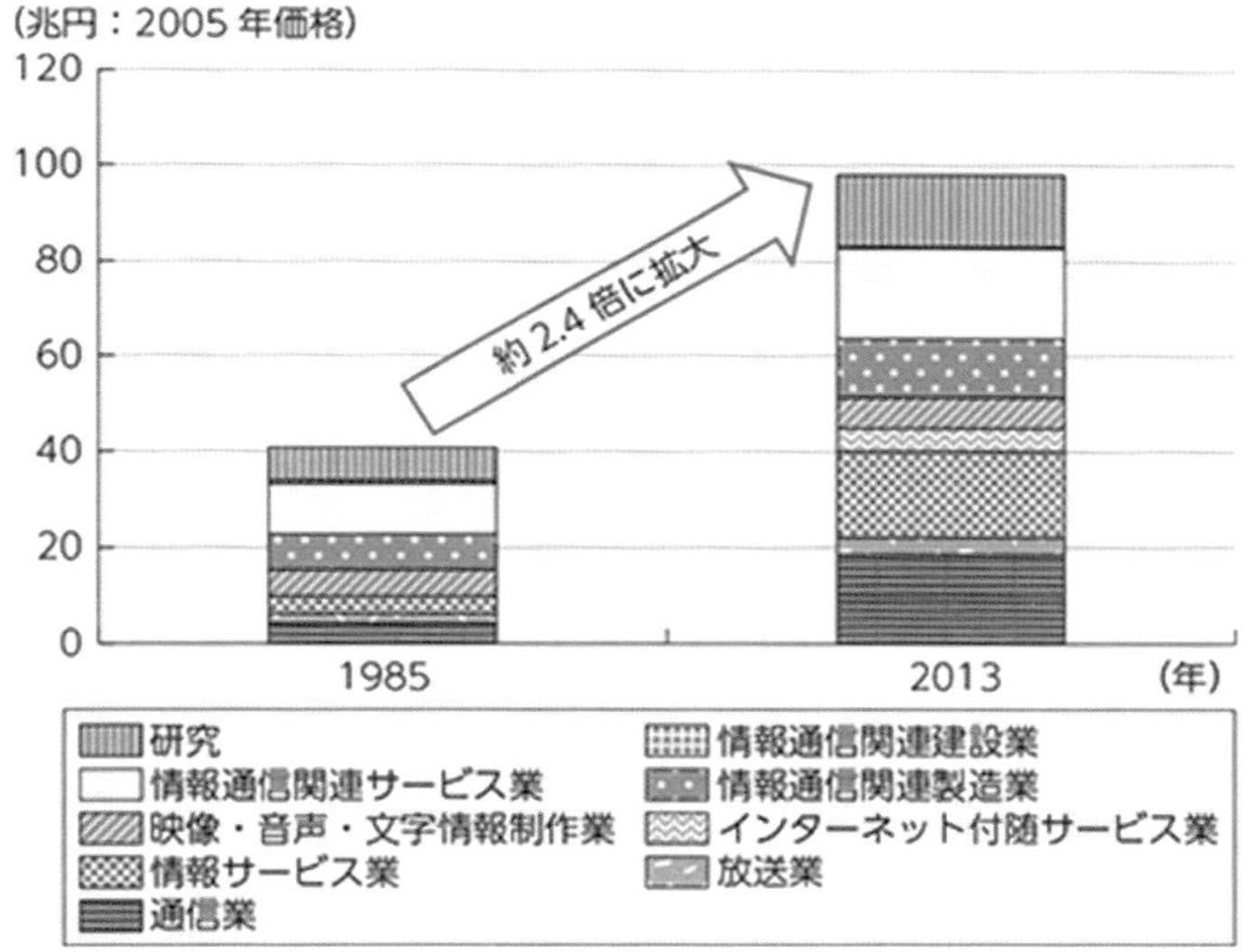

[出典]総務省「ICTの経済分析に関する調査」(平成27年)

ミュニケーションを実現し、以前は、お金を払っていた通話料が世界中どこにかけても無料、もしくは定額の時代になりました。現在は、LINEなどの通話アプリを利用して友達と無料で通話できるので、海外とのやりとりも手軽にできます。ロンドンにいる友達と無料通話で会話することが当たり前になっています。もちろん、通話だけではなく、テキストメッセージや動画も送れます。今の10代の若者には、距離が遠くなるごとに電話代が高くなっていた時代があったこと自体が信じられないでしょう。

無料でできることが増えるということは、通信業界は収入が減っているのでしょうか？

そう思う方もいるでしょうが、実は、通信業界は成長し続けています。1985年に比べると2013年時点で市場は2・4倍に成長しています。通信業界自体のサービスが発展し、提供するサービスが増えたことで、一世帯が通信会社に支払うお金が増えているからです。イメージとしては、昔だったら利用できるサービスが3種類しかなく、それら3つについて消費者はお金を払っていました。今は、できることが10種類になりました。以前、お金を払っていた3種類には、お金は払わなくてもよくなりましたが、新しくできるようになった7種類には、お金を払っている状況です。そのため、業界自体も成長しているのです。固定電話時代は、今ほどは電話を利用せず、一世帯で月に平均7000～8000円程度でした。今は、家のインターネットと携帯とアプリなどにお金を払っています。筆者の家でも携帯代だけで一世帯分で2万～3万円、自宅のインターネットは別で5000円払っています。家庭にひとつではなく、家族ひとり一人が携帯電話やタブレットを持ち歩くのが当たり前の時代ですので、人とのコミュニケーション量が爆発的に増えています。消費者の便利さが向上するとともに、通信業界自体も成長しています。

第 2 章

第2章では、電力の世界での3つの階層（インフラ・ネットワーク階層、ハード・ソフトウェア階層、コンテンツ階層）について、より詳しく紹介します。各階層で起こる変化を表すキーワードも取り上げます。

インフラ・ネットワーク層：スマートメーター

まずインフラ・ネットワーク階層での動きについて説明します。この階層での変化を説明するのに、２つのキーワードがあります。それは「アナログからデジタルへ」「ワイヤードからワイヤレスへ」です。

１つ目のキーワード、「アナログからデジタルへ」の変化をもたらすものがスマートメーターです。スマートメーターは、各家庭やビルなどの電気の使用量を計測する新しい計測器です。日本では、２０１４年ごろより設置を進めていて、２０２４年までには、ほぼすべての家庭やビルなどへの設置が完了します。

あまり気にされたことがないかもしれませんが、今まで使用した電気を計測する機器は、アナログメーターが設置されていました。１カ月に一度だけ電力会社から担当者（検針

図1

スマートメーター

・２０２０年代前半には、
　ほぼ全家庭に設置完了
・今までの約１５００倍の情報量に
・デジタル化された電気の利用データは、
　多くの事業者が利用可能に

スマートメータにより電気の利用データは、アナログからデジタルへ

員）が家やビルを訪問して、メーターの数値を目視でチェックして電気の使用量を計算していました。対してスマートメーターは、30分ごとの利用データを電力会社に自動送信します。使用量が自動で電力会社に送信されるだけでもとても便利ですが、注目するべきは、各家庭から取得されるデータがこれまでに比べて格段に細かくなることです。

　今までは月に1回だけ検針員が確認していた電気の利用データが、30分に1回の自動送信に変わります。1日だけで、この計測は48回（1時間に2回×24時間）、1カ月分でのデータ送信回数は約1500回（1日：48回×31日）。つまり、アナログメーターがスマートメーターに切り替わることにより、1カ月で比べると1500倍の細かさの電気の利用データが取得され蓄積されます。

　30分ごとの電気の利用データが確認できることにより、その家庭の生活スタイルが推察できます。例えば、蓄積されたデータから「Aさん宅は、午前中に電気をよく使っているな」「Bさんの家は、平日の夜に電気を多く使っているな」「昨日は、あまり電気を使ってないから、Cさんは、一日外出していたのだろうな」と生活している人の状況がわかります。

それだけではありません。各家庭のデータ分析だけでなく、特定地域の電気の利用状況もわかります。もちろん、これまでも地域ごとの電気使用量を大まかに把握することはできましたが、アメダスのように時系列で地域を細分化し、電気使用状況を把握することはできませんでした。例えば、特定の地域では「20〜22時の時間帯は、地域全体としてどれくらい電気を使うか」「朝の8時台は、どのくらい電気を使うのか」といったこともわかります。

スマートメーターデータの活用がビジネスチャンスとなる

電力会社は、スマートメーターのデータを電気の使用料金請求に活用しますが、スマートメーターのデータは、電力会社に限らず電気の使用者が第三者に提供することができます。

図2　スマートメーターが表す電気の使用量

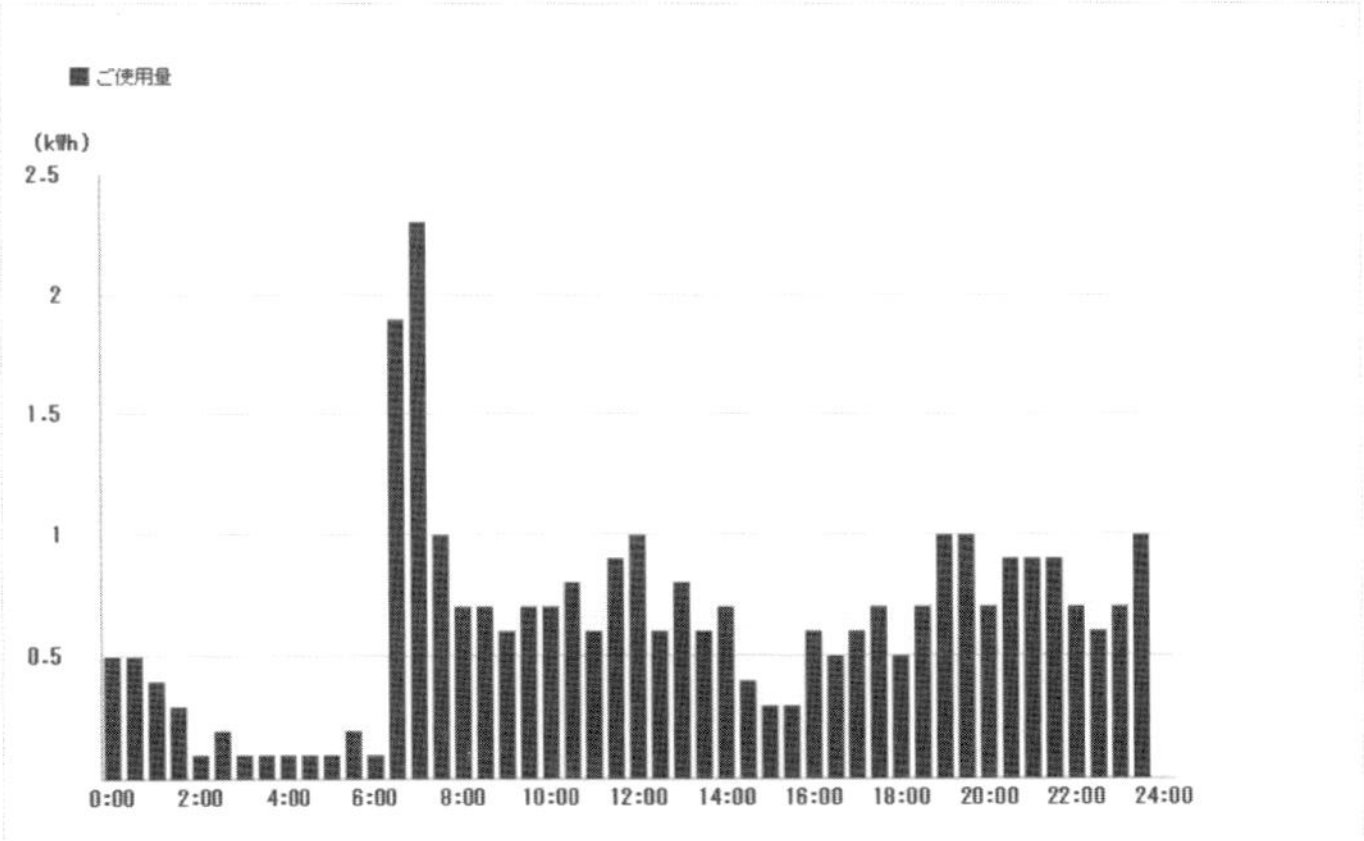

[出典]東京電力「電気家計簿画面」

このデータをうまく活用することで、自分の生活向上に役立てられます。例えば、ひとり暮らしのBさんは、自宅のスマートメーターのデータを、ヤマト運輸や佐川急便などの運送会社が閲覧できるように許可します。すると、ヤマト運輸や佐川急便のドライバーは、Bさんが自宅にいるかを電気の利用状況から確認して、在宅時にタイミングよく荷物を届けることができます。運悪く宅配の荷物がなかなか受け取れず、やきもきすることがありますが、これで解消されます。また、運送会社も効率的に配送を行うことができるので、両者にメリットがあります。

別の例では、東京在中のCさんが実家

の富山県に、ひとりで住んでいる母親の様子を見守ることができます。富山の実家のスマートメーターのデータをCさんのスマートフォンで受信できるようにすれば、「ちゃんと朝起きているかな?」「食事をしているかな?」などを推察できます。

また、ひとり暮らしの高齢者Dさんが自分の電気の利用データを行政に提供し、見守りをお願いします。見守っている側が「昨日からDさんの家は、電気の利用データにあまり動きがないから、もしかしてDさんに何かあったのかもしれない」と気がついて訪問してくれます。今までは、何か困ったことがあった際は、自ら電話などで助けを求めないと駆けつけてくれませんでしたが、いつも遠隔から見守ってもらえると非常に心強いでしょう。電気の利用状況は、その家庭の生活状況そのものですので、データを上手に活用することで生活をより快適にしてくれます。

スマートメーターのデータが集まっていくにつれて、今はない面白いサービスが次々と生まれます。電気の利用データを家庭やオフィスから集めて、それをもとに新しいサービスを提供する企業も登場するでしょう。「あなたの1年分の電気の利用データをマーケティングに活用したいので、購入させてほしい」という会社が現れ、自分の電力使用データを提供することでお金がもらえる時代が来るでしょう。

それは、家庭などの消費者は電気を購入するだけでしたが、電気を使用してお金がもらえる時代が来るということです。ブログで消費者が購入した商品について書いた口コミ（レビューや評価）情報が大量に蓄積可能になり、特定ジャンルの口コミサイトが生まれ、消費者にとっても商品を提供する企業にとっても役立っています。電気の個人利用データも重要なマーケティングデータになります。これまでアナログだった電気の利用データがスマートメーターによってデジタル化され、非常に細かなデータが蓄積されることにより、新しいサービス（価値）が生まれるのです。

インフラ・ネットワーク層：ワイヤレス充電

インフラ・ネットワーク階層で紹介する２つ目の技術進歩は、ワイヤレス充電です。ワイヤレス充電とは、電気を通信の無線ＬＡＮやWi-Fiのように飛ばして充電可能にする技術です。ワイヤレス充電により、電気が「ワイヤードからワイヤレス」になります。電気が飛ぶといっても、１００メートル先に飛ぶわけではありません。自宅の中で数メートルほど電気が飛び、必要な電子機器を充電してくれるイメージです。

自宅やオフィスで無線ＬＡＮやWi-Fiを利用している方はピンとくると思います。い

図3

ワイヤレス充電

・ワイヤレス充電技術が進化
・家の中でコンセントがいらなくなる時代に
・外でも自由に電気が使える

ワイヤレス充電により、どこでも電機が使える時代に

[出典]IKEA

ちいち有線LANにパソコンなどをつないでインターネットに接続するのではなく、家の中だったらどこでも無線LANが利用できて、スマートフォンやタブレットをソファに寝転びながら使っている感覚です。

同じように電子機器もわざわざコンセントに差さなくてもよくなります。これからは今よりも、もっとウェアラブルデバイス（持ち歩く電子機器）が増えていきます。これだけウェアラブルデバイスが発達した現在でも、スマートフォンやノートパソコンは、毎日コンセントでつないで充電しなくてはいけません。自宅に帰ってから一つひとつをコンセントにつなげるのではなく、例えば、自宅のコンセントに無線充電の親機を付けておけば、その親機と連動し、自分が持っている電子機器が必要に応じて自動で充電してくれると非常に便利です。

すでにスウェーデン発祥の家具メーカーのＩＫＥＡ（イケア）がワイヤレス充電できる家具の販売を始めています。また、Apple社も遠隔で充電可能な技術を開発中です。次に発表されるiPhone 8がワイヤレス充電になるのでは、との噂も流れています。スマートフォンがワイヤレス充電になれば、コンセントから解放された快適さを実感する人が増えます。

自宅に無線ＬＡＮがあると、あまり有線ＬＡＮにつなぐことがないように究極的には家の中でコンセントがいらなくなる（非常に少なくなる）と思います。パソコンもスマートフォンもタブレットもつないでいる「たこ足配線」は、懐かしいものになるかもしれません。コンセントがなくなると、部屋のレイアウトの自由度も高まりますので、より快適な部屋づくりにも貢献します。もしかしたら、２０２５年ごろに建てる家には、コンセントがないかもしれません。

ニーズが高まるワイヤレス充電

家の中だけでなく、外でも自由に電気を使いたいというニーズが昔よりも広がっていま

図4

ＩＫＥＡがワイヤレス充電機能のある家具を販売

［出典］IKEA

す。ウェアラブルデバイスが増えれば増えるほどワイヤレス充電のニーズは高まります。

筆者もですが、スマートフォンの充電が外出先で少なくなって、ちょっとイライラした経験がある方は多いでしょう。慌ててコンビニエンスストアに駆け込み、しぶしぶ簡易充電器を購入します。街中のカフェやコンビニエンスストアでワイヤレス充電ができるようになれば便利です。すでにアメリカのサンフランシスコやイギリスのロンドンのスターバックスでは、店舗に訪れた顧客のスマートフォンなどをワイヤレスで充電するサービスを行っています。

外でも自由に電気が使えるようになると、非常に人気のあるポケモンＧＯのユーザーも助かります（ポケモンＧＯユーザーは、スマートフォンの充電に困っているそうです）。逆にいうと、そういったいろいろなデバイスを外で使うというのが一般化していくなかで、このワイヤレス充電の技術が自然と普及していきます。

実は、この「電気を飛ばす」技術は電気が発明された初期のころから研究されていました。日本では、あまり有名ではないのですが、アメリカでは発明王のエジソンのライバルであり、偉大な発明家として尊敬されているニコラ・テスラ（1856-1943）らが中心となり、研究を進めてきました。

今から１００年以上も前から研究されていながらも、これまで一般に普及してこなかった理由としては、電圧の安定性や安全面や効率性などの理由もありますが、単純にそもそも電気をワイヤレスで充電したいニーズが少なかったということが大きいと思います。

これまでは、ほとんどの家電が家の中で設置して使うもので、冷蔵庫やテレビなどは一定の場所から移動させる必要がなく、コンセントを差しておけば十分です。しかし、これからは、外出時にウェアラブルデバイスが増え、ニーズが高まります。このニーズの高まりがワイヤレス充電の普及を強力に後押しするでしょう。

インフラ・ネットワーク層：ブロックチェーン

3つ目に紹介するインフラ・ネットワーク層での動きは、ブロックチェーン（分散型台帳技術、または分散型ネットワーク）です。

ブロックチェーンという言葉を初めて聞いた方も多いと思います。このブロックチェーンというのは、「これまでひとつの場所で集中的に管理していたものを分散させて管理しよう」という考え方です。発想の根底にあるのは、あるひとつの集中的に力を持った組織やシステムがすべてをコントロールするのではなく、参加する個々が相互に信頼し合い、助け合って管理していこうという共助・共同管理の考え方です。

ブロックチェーンは、銀行や証券などの金融業界を大変革する技術として非常に注目されています。金融（ファイナンス）とテクノロジーが融合した「フィンテック」という言葉が生まれていますが、フィンテックを推進するテクノロジー技術のひとつと考えられています。

なぜブロックチェーンは、注目されているのでしょうか？　それは、システム投資の観点からすると安全面・コスト面にメリットがあるからです。データを分散管理したほうがシステムの安全性・安定性が高まりますし、大規模で複雑な集中型システムを構築しなくてよいので、投資コストが少ないのです。

フィンテック分野でブロックチェーンが技術的土台となり生まれた代表的なものがビットコインなどの仮想通貨です。一般的に通貨は、その価値を国が保証しています。ドルであればアメリカ政府が保証し、円であれば日本政府が保証しています。一方で仮想通貨は、いつも使っている通貨のように、日本やアメリカといった国が保証して発行する通貨ではありません。仮想通貨を利用しているもの同士で本物であるかどうかを確認し合います。

ここでブロックチェーンという技術を活用します。これによって例えば、アメリカの製品を日本で購入するのには、これまではクレジットカードを使い、円をドルに変えて購入する手続きを取ってきましたが、ビットコインなどの仮想通貨を使用することによって、この通貨を替えるということがなくなります。

「なんだ、そのくらいのメリットか」と思う人も多いと思います。でも、それは、日本の円が国際的に信用され、安定している通貨だからこそいえることです。世界的に自国の通貨が不安定な国はたくさんあります。自国の通貨が下落していくハイパーインフレの国にとっては、国境のない仮想通貨のほうがはるかに信用できます。例えば、２０１３年に預金封鎖が行われたギリシャでは、自国の通貨への信用が下がったことで、資産を仮想通貨に移す国民が大勢いました。

電力業界にも影響を与えるブロックチェーン技術

このブロックチェーンによる「取引内容を分散して管理する」という考え方は、金融業界だけではなく、他の業界にも影響を与えていきます。将来的には、電力業界でも広く活用されているでしょう。

実験段階ではありますが、電力関連ですでに進んでいる取り組みとしては、アメリカの西海岸（ワシントン）で発電した電気を、東海岸のニューヨークでリアルタイムに取引するという試みです。使用電気量の把握と支払いの処理を、ブロックチェーンを使うことで発電する場所と利用者が互いに離れていながら直接やり取りをし、電気をリアルタイムに購入する実験です。

例えば、北海道でAさんが風力発電で発電した電気を、沖縄に住んでいるBさんが利用したい（買いたい）とします。取引を成立させるためには、Aさんが発電した電気をBさんに販売した（Bさんが購入した）という取引履歴を管理する必要があります。ここでブ

図5

ブロックチェーン

・金融業界（フィンテック）に影響を与えている
・今後、すべての業界に影響を与える
・電力業界では、ブロックチェーンを活用して、遠くで発電された電気を購入する実験を実施

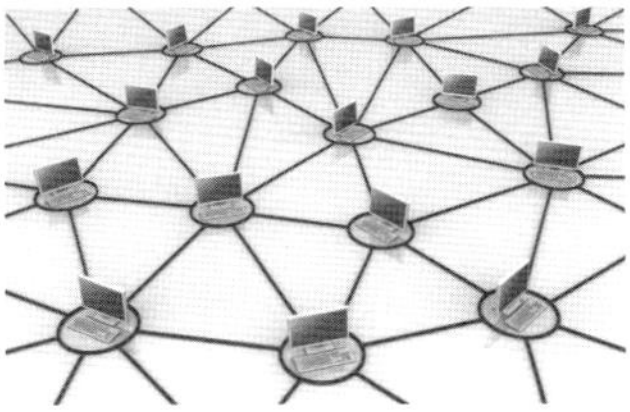

ブロックチェーンは、電力業界にも影響をもたらす

ロックチェーンの技術が活用されます。安全性を保ちつつ投資コストを抑えながら、Ａさんが発電した電力量とＢさんが利用した電力量の取引を成立させる仕組みを構築しています。

　電気の売買が容易にできるようになると、日常生活も便利になります。外出先でパソコンの充電が足りなくなってしまった場合、今は「すみません」とお願いして、近くで見つけたお店などで電気を充電させてもらうでしょう。それが「１００円分、電気を売ってください」と購入できる時代になるのです。自分が、どれだけ電気を充電したか（購入したか）がわかることで、販売する場所が増え、あらゆる場所で充電が可能になります。いつでも充電して、充電した分だけお金を払うということが、ブロックチェーン技術の活用によって一歩前進します。そ

う考えていくと、将来的にホテルに泊まる際も電気代込みのプランと電気代が含まれないプランというものが出てくるかもしれません。また、ソーラーパネルで発電した電気のうち余った部分を隣の家に直接販売することが可能になります。

電気は、家で契約して基本料金と利用料に応じた料金を支払うのが普通ですが、この先、電力会社1社のみと利用契約するのではなく、電気を使う分だけあちこちから購入することが可能になります。そうなると、家族ひとり一人が異なる電力会社と契約する時代が来るかもしれません。通信業界に置き換えて考えると、固定電話が1台だけ家庭にあり、基本料金と通話料を支払っていたのが今は、家族の各人がスマートフォンをそれぞれ契約し、さまざまな料金プランを選ぶようになったことと同じ現象です。

「消費者に、わざわざ電気を売り買いするニーズってあるのかな?」という素朴な疑問は残ります。ですが、Apple社がiPhoneユーザーに「電気もAppleから買ってください。割安ですし、100%再生可能エネルギーです」と投げかけると、購入するユーザーは多いのではないでしょうか。

また、環境への意識が高い消費者のなかには、風力や地熱などの再生可能エネルギーから発電された電気だけを買いたいという方が一定数います。また、海外旅行者が電気を買いたいというときも、コンビニやカフェで気軽に電気を買えると便利でしょう。

電気も、好きな人やブランドから購入したいニーズや、いつでも、どこでも充電（電池）切れを心配したくないというニーズはあります。そして究極のニーズは、「使った分だけ支払いたい」ということです。これは、電気の「基本料金」なるものから自由になるということを意味します。こうしたニーズがインフラ・ネットワーク層を育てていきます。

インフラ・ネットワーク階層での変化をまとめると、スマートメーターの登場で電気の使用情報がデジタル化されます。デジタル化されることでデータの蓄積が容易になります（「アナログからデジタルへ」）。また、ワイヤレス充電の普及により、電気が充電しやすくなります。しかも、屋外で充電した電気は、ブロックチェーンを活用して正確に把握できます。そうなると、他の人やお店からの電気の販売や交換（シェア）も進みます。

ハード・ソフトウェア階層：電気自動車

次に、電気の世界のハード・ソフトウェア層の変化として、電気自動車や蓄電池、エネルギーハーベスティングを紹介します。ここでのキーワードは、「集中から分散へ」です。

まずは、電気自動車と蓄電池を紹介します。電気自動車と蓄電池は、通信業界における

図6

予約注文が殺到した電気自動車　モデル3

[出典]テスラ社

パソコンやスマートフォンのような中心的存在になります。電気自動車の分野でトップランナーのテスラ社は、2016年の春に新型モデル3を発表しましたが、発表から1週間で30万台以上の予約注文が殺到しました。その勢いを受けて、テスラ社は、2020年までに年間100万台の電気自動車を製造すると発表しました。

年間100万台という数字は、日本の自動車メーカーのスバルやマツダの年間生産台数に匹敵するレベルです。つまり、街中でよく見かける自動車メーカーの生産規模をテスラ社は目指しているということです。

テスラ社の発表は、他の自動車メーカーにも大きな影響を与え、電気自動車への研究開発を促進しています。既存の自動車メーカーも、これまで以上に電気自動車に力を入れていくと思います。そのおかげで電気自動車の現時点での大きな懸念点である「販売価格が高い」「走行距離が短い」などの問題も早晩解決に向かうでしょう。

電気自動車は、自動車であるとともに電気を大量に貯められる蓄電池としての機能を持っています。テスラ社の電気自動車は、アメリカの一般家庭の3〜4日分の電気を貯めることができます。3〜4日分の電気が貯めておけるのは、災害時などとても心強いです。この先、さらに進化して1〜2週間分が貯められるようになると、より安心です。2025年ごろには、「次は電気自動車にしようかな」と真剣に悩む人々が目に浮かびます。

ハード・ソフトウェア階層：蓄電池

総合エネルギー会社を目指すテスラ社は、もちろん蓄電池も開発・販売しています。家庭用蓄電池の「パワーウォール」「パワーウォール2」は、これまでになかったシンプルなデザインと低価格を売りにしています。蓄電できる容量にもよりますが、価格は50万円

図7

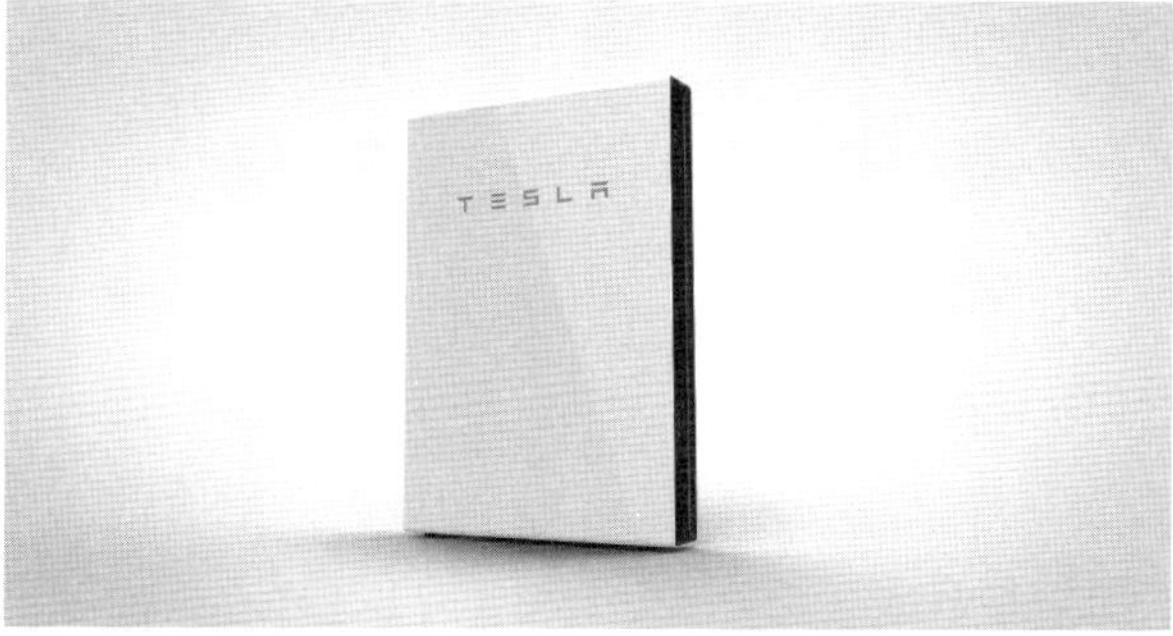

パワーウォール2

[出典]テスラ社

前後と他社の半分以下の価格を実現しています。

蓄電池を利用すれば、電力会社から深夜など電気料金が安い時間帯に電気を購入しておいて、使いたいときは、貯めておいた電気を使うことができます。また、昼間しか発電しない太陽光発電の電気を蓄電池や電気自動車に貯めることで使いたいときに使えます。蓄電池や先ほどの電気自動車が小さな発電所の役割を果たしてくれます。

発電した電気を自宅や車に貯めて、必要なときに使っていく生活スタイルが主流になることで、利用者側だけでなく、発電事業者（発電方法）にもよい影響があります。これまでは、その日に必要とされる電力を、その日に発電する必要がありました。必要な電力量は、天候にも大きく左右されるため、電力会社は、毎時間需要予測を正確にする必要があります。

また、発電所は、使用量が最大となる時期の電力量に合わせて常に余分に発電設備を準備する必要もありました。電気を備蓄しておくことが一般化することで、発電設備への投資も抑えることができ、経済的にもメリットがあります。

既存自動車メーカーの動きも確認しておきましょう。メルセデスベンツなどの高級車を手掛けるドイツのダイムラー社が、新たに定置用蓄電池の専門子会社「Mercedes-Benz Energy（メルセデス・ベンツ・エナジー）社」を設立し、オフィスや家庭で使える定置型のリチウム蓄電池のグローバル展開を始めています。

新会社のメルセデス・ベンツ・エナジー社は当初、従業員50人で事業を開始しましたが、2017年末までには200人に増員し、事業展開を拡大する見込みです。また、ダイムラー社は、電気自動車関連などの環境技術に対し、2年間で70億ユーロ（約8400億円）以上を投じると発表しています。

日本では、トヨタが2050年にはガソリンを利用する自動車の新車販売をほぼゼロにする方針を明らかにしています。

政府の動きも見てみましょう。環境意識の高いヨーロッパでは、オランダが2025年までに電気自動車以外の販売を禁止する法案を提出しました。この法案では、ハイブリッド（2つ以上の動力源を持つ自動車）の販売も禁止としています。また、ドイツでは、1000億円規模の補助金が電気自動車の購入者に支払われています。

電気自動車・蓄電池の未来

今までは、電気自動車は環境によいし、将来的なランニングコストは安いかもしれないけれど、価格が高いし、走行距離が短い、もしものときにどこで充電すればよいのかわからないという課題がありました。今後の性能の向上や競争による価格の低下、充電スポットの増加によりメリットがデメリットを上回ります。

環境によいというだけでは、なかなか一般に広まりません。環境にやさしいだけではなく、電気自動車のほうがガソリン車に比べて、コストパフォーマンスがよい、動作音が静か、ガソリンスタンドに行く手間が省けるなどのメリットが増えることにより、いま乗っているガソリン車より電気自動車のほうを使いたいという人が増えていきます。2030年代は、電気自動車しかない時代が来ているかもしれません。

電気自動車や蓄電池は、よりコンパクトになりながらも機能性が上がっています。この流れは、通信業界でのパソコンがすさまじい勢いで進化していったのと同じです。筆者が初めて見たパソコンは、まさに備え付けの大きな鉄の箱でした。その威厳のあるサイズが逆に立派に感じるくらいでした。パソコンのモニターだけでも机の半分くらいを占領し、10キロほどの重さがありそうで、パソコンを持ち運ぶことなど想像できませんでした。

それが、1995年か1996年ぐらいからノートパソコンが一般に普及し始めます。それまで白黒が当たり前だったノートパソコンが、「カラーになって楽々持ち運べます」と宣伝していました（シンガーソングライターの大江千里さんがCMに出演していたと記憶しています）。20年後の今では、タブレットもありますし、ノートパソコンもとても薄くて軽く、文字どおりノートのようです。

1990年代前半のパソコンのイメージで、「パソコンなんて重すぎて外に持ち歩けないよ」と言ったら確かに頷けます。しかし、実際は、想像を超えて進化しました。パソコンと同様に電気自動車や蓄電池も予想を超えたスピードで進化していくということを念頭に置きながら、未来を創造したほうがワクワクします。今は不可能なことも、10年後、20年後には簡単に実現します。

ハード・ソフトウェア階層：エネルギーハーベスティング技術

ハード・ソフトウェア階層での変化として、エネルギーハーベスティング技術の躍進にも注目です。これは、生活の中にあるさまざまな小さなエネルギーを集めて電力に変換し、活用しようという考え方です（身の回りの環境から微小なエネルギーを収穫して、電力に変換する技術です）。

太陽の光を活用する太陽光発電や風の力を利用する風力発電以外にも、実は身近な例でいうと、自転車のタイヤを利用して点灯するライトもエネルギーハーベスティングのひとつです。

こういった小さなエネルギーは、至るところに存在しますが、今までは見過ごされがちでした。なぜなら集めることが大変でしたし、集めることができたとしても、その場で上手に活用するのが大変でした。

ですが、蓄電池の普及により、集めた電気を貯めることができます。しかもワイヤレス充電になれば、電気を近くの人とシェアしやすくなります。さらにブロックチェーンで正確にデータ管理ができれば、どこで、どれだけ蓄電して、それをどの機器が使ったかもわ

図8

エネルギーハーベスティング

・これまで利用されていなかった生活の中にある小さな発電（エネルギー）を取り出し、活用していく時代に
・アメリカのミズリー州の道路の表面にソーラーパネルを敷設を発表
・道路自体が発電をする

小さなエネルギーを集めて活用できる時代へ

[出典]ワットウェイ（コラス社）

かります。今までは、残念ながら放置されていたいろいろな小さな発電エネルギーが今後マイクロ発電所のような形で柔軟に活用できる時代が来ます。

事例を紹介すると、アメリカのミズリー州では、道路の表面に太陽光パネルを敷いて、道路自体が発電する実証実験が行われています。実験では、強化ガラスで覆われた太陽光パネルが約50枚使用されます。これまで何百年と太陽の光は道路に注がれていましたが、活用できず無駄になっていました。それがこれからは、道路に敷かれた太陽光パネルが発電した電気を、電気自動車にワイヤレスで充電することや蓄電池に貯めて家庭で使うことができるのです。

また、別の事例としては、サッカーや野球のスタジアムでサポーターが応援している間の揺れている振動のエネルギーを電力に変換し、スタジアムを照らす取り組みがあります。エネルギーハーベスティングは、必要な場所で必要な分だけ電気を作り、余ったら貯めておくという時代の流れとともに広がっていくでしょう。

電気も集中から分散へ

ハード・ソフトウェア階層の変化を表すキーワードは、「集中から分散へ」です。大きな発電所で集中して発電し、送られていた電気が分散された場所から必要に応じて少しずつ利用できるようになります。

この「集中から分散へ」変化することのメリットをイメージしていただくには、ペットボトルに入った飲み物を思い浮かべていただくと、よりわかりやすいでしょう。自動販売機がなかった時代は、外出中に喉が乾いたら喫茶店を探し、飲み物を注文して店内で飲んで再び外に出ていくしかありませんでした。また、自動販売機で缶の飲み物が販売されるようになり、至るところで飲み物が買えるようになりましたが、缶ジュースは、飲んだらフタをして取っておくことができません。その場で飲み切ることしかできませんでした。そこにペットボトルが登場しました。ペットボトルは、飲んでからキャップを閉めて持ち運べます。電気もペットボトルに入った飲み物のように自由自在にどこでも利用できるイメージです。

集中から分散になることで、電気の流れは一方向から双方向になります。双方向化についてー歩先ゆく他業界の例としては、テレビの番組（コンテンツ）がわかりやすいと思います。

コンテンツは、テレビ局が配信しています。コンテンツは、テレビ局からお茶の間の視聴者へ一方的に配信されていました。テレビ局には、番組を企画・制作・配信する権限が集中していましたし、外からの最新情報はすべてテレビ局に集まってきました。ですが、今はYouTubeやニコニコ動画の登場で、利用者が思い思いの動画を投稿することが可能になり、好きな動画を視聴することもできます。

今では、テレビの報道番組が一般視聴者の動画を利用してニュースを伝えることがあるくらいです。コンテンツの制作や配信が分散され、双方向になりました。テレビにはテレビのよさがありますが、好きなときに好きなコンテンツを自由に閲覧できる動画サイトは、これからの人々のニーズにかなっているのかもしれません。YouTubeで配信されている動画には、視聴者が評価をすることができます。評価をし合うサイクルがより人気のある動画を生み出します。

このように、ハードウェア・ソフトウェア層では、世界規模の競争により、自動車、蓄電池、エネルギーハーベスティングの技術革新が進みます。今後は、集中発電から分散型の発電になっていきます。これまで電気を作る側と使う側という形で分かれていましたが、人々が小さな発電で電気を作り始めます。電気の流れが双方向になると、電気を貯めつつ使っている人が電気を売ることもできるボーダレスな社会が現実になります。

コンテンツ階層：IoT

コンテンツ階層は、スマートメーター、ワイヤレス充電、ブロックチェーンなどのインフラ・ネットワーク階層と電気自動車、蓄電池、分散型発電などのハード・ソフトウェア階層の上にできる層です。

当面の一番の注目分野としては、ＩｏＴが挙げられます。「モノのインターネット化」といってもイメージしづらいですが、「身近にある品物のほとんどがインターネットにつながられる（つながる）時代が来る」ということです。

統計では、２０３０年にはインターネットにつながっているものが世界中で２０１３年

図9

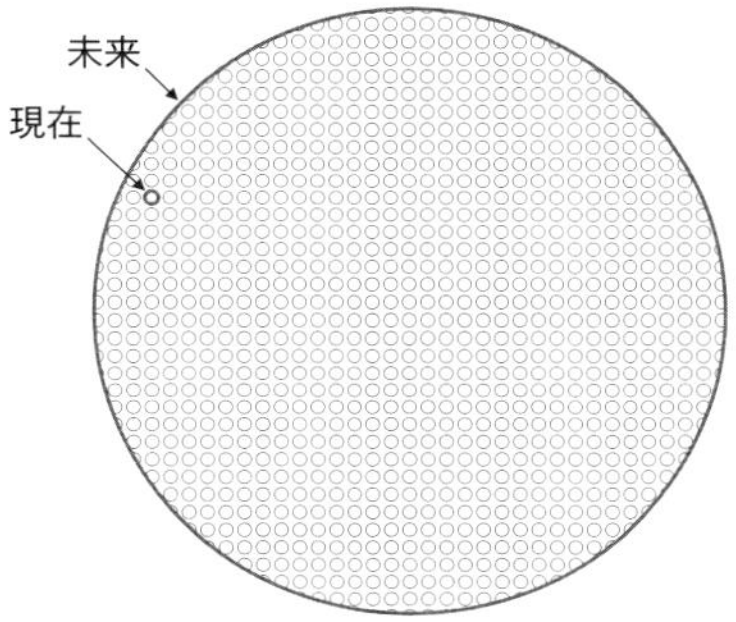

IoTによりインターネットにつながるものが３０００倍になる

の３０００倍になるといわれています。自分が今、所持しているものでインターネットにつながるアイテムが3個だったとしたら、単純にいうと3個×３０００倍で９０００個になるということです。ひとりにつき持ち物の数の平均は５０００個ほどだそうですが、極端にいうと、すべての持ち物がインターネットにつながっていてもおかしくない時代が来るということです（つなげる意味があるのかどうかや、つなげたいかどうかは別として……）。

　普段履いている靴がインターネットにつながることを想像してみましょう。その靴からは、歩行データが常にインターネットを経由してクラウドサーバに蓄積されていきます。そこから「先週1週間で、どれくらい歩いたのか」「足のどの部分にストレスがかかっているか」「歩き方や姿勢には、どのような癖があるのか」「同じ靴を履いている同年代の人に比べて、どのような違いがあるか」などの分析情報を自分のスマートフォンで確認できます。

同じように冷蔵庫がインターネットにつながっていれば、中に何が入っているのかわかるので、食材の買い物のときに便利です。バッグやアクセサリーなどもインターネットにつながっていれば、どこかで落としてもすぐ見つかります。打ち合わせや講演会を録音するボイスレコーダーもインターネットにつながることで、録音と同時にクラウドサーバにデータが蓄積されるでしょう。クラウドサーバにアップロードされた録音データを人工知能が自動で文字おこしをし、議事録を作成してくれると更に便利です。持ち物によっては、インターネットにつないでもあまり意味が感じられないモノもたくさんあると思いますが、多くのモノがインターネットにつなげられる時代、もしくはインターネットにつなげるとより便利になる新しい製品が次々と生まれる時代になります。

カメラの変遷がよい例です。昔は、カメラで撮ってからフィルムを現像していましたが、デジタルカメラが出現し、データをパソコンなどですぐに見られるようになりました。今は、スマートフォンにカメラ機能が付くことによって、インターネットを介して撮影者は撮った写真を簡単にSNSにアップしたり、シェアしたりできます。つまり、データが蓄積やインターネットへの接続が、新たな価値観や行動を生み、新しい製品へと発展していきます。

　インターネットにつながるボールペンがあるとどうでしょう？　子どもが勉強しているかどうかが職場からでも確認できます。書かれたことが遠隔からリアルタイムでわかるボールペンは、新たな需要を生み出し、製品化されるのが早いかもしれません。

　これから爆発的に増えるＩｏＴ機器の動力は、電気です。つまり、電気を常に必要とする製品が爆発的に増えるということです。これから３０００倍になるＩｏＴ製品は、どのように充電すればよいでしょうか？

　一つひとつを自宅のコンセントに差し込み、電池を交換していると、あっという間に日が暮れてしまうでしょう。自分の持ち物の５０００個すべてを充電するには、ワイヤレス充電の普及が不可欠となります。先ほどの未来のボールペンも自動でワイヤレス充電ができ、更に進化して書くときに起きる振動のエネルギーによって、電気が貯められるようになるでしょう。

コンテンツ階層：ロボット、ドローン

ＩｏＴ製品以外に今後、大量に電気を消費するものとしては、ソフトバンクのペッパー君のようなロボットやドローン（無人航空機）が挙げられます。産業用で発展したロボットは、今後、介護用ロボットなどを中心に普及が期待されています。価格が安くなり高性能になることで、家にロボットが1台ある時代が来るでしょう。ロボットたちの動力源は、もちろん電気です。将来的には、外に出歩きながらロボットを使うことも増えると思います。そうすると、蓄電池やワイヤレス充電の技術ニーズがより高まります。

ドローンは、輸送や点検・測量や撮影などでの利用が期待されています。ドローンの課題のひとつが飛行時間ですが、その飛行時間を延長させていくためにも蓄電池やワイヤレスで電気を充電の技術向上が必要になってきます。

つまり、これから世の中をより便利に変えていくＩｏＴ製品、ロボット、ドローンはすべて動力源として電気を使います。それらの活用の場を増やしていくためには、ワイヤレス充電や蓄電池が欠かせません。コンテンツ階層の広がりが、インフラ・ネットワーク階層やハード・ソフトウェア階層での技術の発展によい影響を与えています。技術を世の中

に広めるのは、強いニーズです。

電気の利用情報が資産となる時代

通信業界と同様に電気の世界でもコンテンツ階層が発展していくと、電気の利用情報がデータベース化、共有化が進みます。集まった電気の利用データ自体に価値が生まれます。電気の利用データは、まさにリアルな人々やモノの動きです。そこから生活スタイルや習慣、何を使っているかなどがわかります。

生活の隅々までがわかるという意味で少し危険にも感じますが、安全性に配慮しながらも活用は進み、より生活が快適になることが実感されていくでしょう。

電気の利用データをひとつの資産として考え、収集・分析し便利に活用することを提案する会社が現れるでしょう。インターネットの世界におけるGoogle社のような存在です。

Google社は、インターネット上にあるホームページやテキスト情報を集めて、整理整頓し、利用者が検索しやすいようにすることで収益をあげています。また、Google社は、GmailやYoutubeなど消費者が閲覧したいコンテンツに辿り着くためのプラットフォー

図10

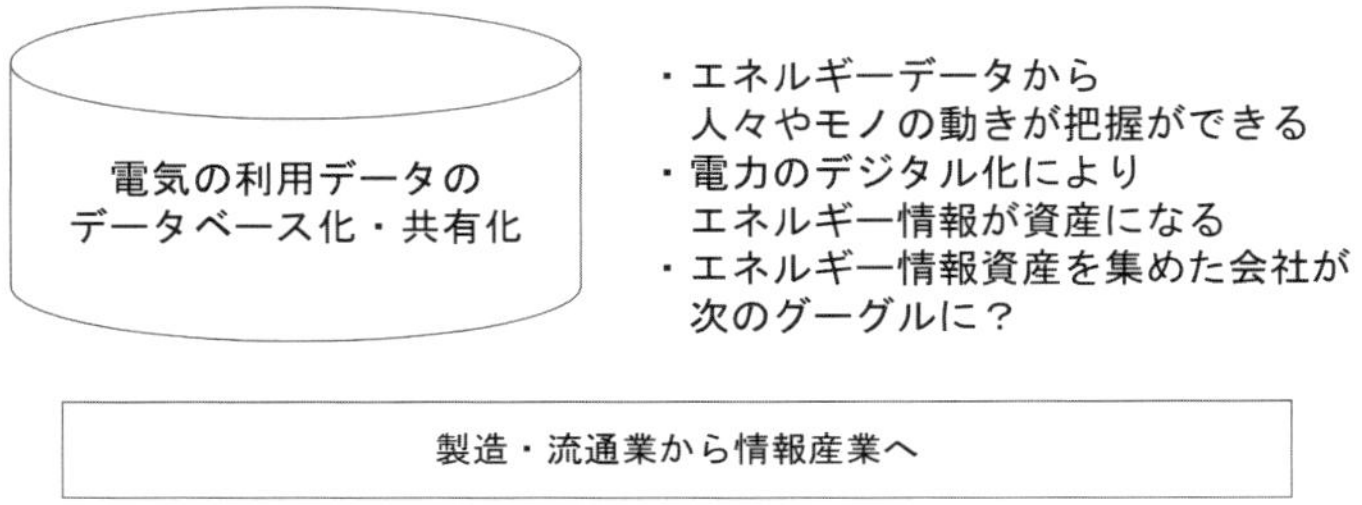
電気の利用データの
データベース化・共有化
・エネルギーデータから
人々やモノの動きが把握ができる
・電力のデジタル化により
エネルギー情報が資産になる
・エネルギー情報資産を集めた会社が
次のグーグルに？
製造・流通業から情報産業へ

ムをつくり、データをそこに貯められるようにしておくことで利用者が集めています。そのプラットフォームに広告を掲載したい企業を集めています。

電力業界でも同じように、生活の中のリアルなデータを集めて、蓄積できる場をつくり、そこからビジネスを展開していく企業が将来的に現れます。1~2年後に実現する世界ではありませんが、将来的にはそうなります。これからの電気事業者は、電気販売だけでなく電気の利用データに価値を見出し、ビジネスに変えていくことが重要になるのです。

こうしたコンテンツ層での変化は、「製造・流通業から情報産業へ」というキーワードで表すことができます。電力ビジネスは、これまで電気を発電し、送り届けるという意味で「製造・流通業」に近いイメージでした。それが電気の利用データを分析し、新たな価値を提供していく「情報産業」に転換していきます。

変化の途中にある電気の世界

情報産業への転換は、長い時間をかけてゆっくりと確実に行われていく大きな流れです。通信の世界では、インフラ・ネットワーク層の進化が主役だったのは、1985年から1995年ころです。その後、ハード・ソフトウェア層が1995年から2005年ぐらいまでに発展しました。コンテンツ層は、2005年以降に大成長をとげます。10年単位で主役となる階層が入れ替わりながら発展をとげています。

2017年の現在、電力ビジネスでは、スマートメーターと電気自動車の普及が始まったことで、インフラ・ネットワーク層がやっと整いつつある状態です。通信の自由化が30年という時間とともに発展したように、これから電力業界も20～30年と時間をかけて発展していきます。

通信業界の大手であるソフトバンクは創業当時、ハード・ソフトウェア層にあたるパソコンや、その周辺機器のサプライヤー（仕入先、供給元、納品業者のこと）でした。1990年代後半にYahooなどインターネットサービスに投資し、コンテンツ層に参入しました。また同時に、ブロードバンドサービスや携帯電話事業に参入し、インフラ・ネ

図11

1　フランスやイギリスで発電された電気を日本で購入しているよ

2　余った電気を友達とシェアし合っているよ

3　実家の電気の利用データを家電メーカーに提供して、お金をもらう

4　ニュージーランドの旅行中、充電を気にせず旅行したよ

5　電気の利用データが生活習慣の改善に役立ったよ

今は、夢のような話でも20年後には実現している？

ットワーク層に基盤を構築しました。今では、ソフトバンクは通信業界のインフラ・ネットワーク、ハード・ソフトウェア、コンテンツの3つの階層すべてを手掛けています。

そのソフトバンクの孫正義社長が2016年の夏、3・2兆円で英国の半導体メーカーを買収しましたが、そのときのコメントとして「次のパラダイムシフトはIoTだ」と発言しています。IoTは、電気の世界では一番上のコンテンツ階層です。また、ソフトバンクは、グループ会社で発電事業やロボット事業（ペッパー君）にも参入しています。孫社長は、電気とデジタルが融合する未来の社会がイメージできているのでしょう。

もし2017年に次のようなことを言ったら、「このヒト大丈夫かな？」と思われるかもしれ

ません。

- フランスやイギリスで発電された電気を日本で購入しているよ
- 余った電気を友達とシェアし合っているよ
- 実家の電気の利用データを家電メーカーに提供して、お金をもらう
- ニュージーランドの旅行中、充電を気にせず旅行したよ
- 電気の利用データが生活習慣の改善に役立ったよ

これらは、２０１７年時点ではすべて実現不可能なことですが、10~20年後には、簡単にできるようになっていると思います。

第3章

ビジネスチャンスの見つけ方

もし、あなたがタイムマシンに乗って１９９５年に戻ることができたら、どんなビジネスに挑戦しますか？　１９９５年から20年以上経過した時代にいる私たちは、これまでの間に、どのようなサービスが社会に普及したか目の当たりにしています。

社会の変化を自ら体感しているので、１９９５年に戻って事業や投資をすれば、確実に成功するでしょう。いろいろなビジネスチャンスが思い浮かぶと思います。例えば、いま大成功を収めているマイクロソフトやGoogle社、Amazon社に１９９５年の時点から投資していれば、かなりの資産が築けるでしょう。

また、日本の会社でソフトバンクや楽天のビジネスモデルをなぞりながら、自分で会社を興すのもワクワクします。いわゆる、タイムマシン経営（すでに成功しているビジネスを参考にして別のエリアで展開する経営戦略）をリアルにできてしまう、夢のような話です。

電気やエネルギーに関するビジネスチャンスを考える場合、10年、20年後に社会と電気やエネルギーの関係性がどう変化しているのか、イメージすることが大切です。タイムトリップして見てきたかのように、さまざまな視点・視座から具体的にイメージできればできるほど、ビジネスチャンスに近づくことができます。

とはいえ、これは簡単なことではありません。植物の生長や人の成長と同じで10年、20年かけて起こる変化というのは、それとわからないくらいに少しずつ起こっているからです。この第3章では、国内海外の先進企業事例を8つ紹介します。紹介する事例の中に、きっとこれからの電力ビジネスにおける変化の萌芽が見つかることと思います。

事例の紹介① インフラ・ネットワーク階層

〈事例1〉Enernoc社

https://www.enernoc.com/

アメリカの「Enernoc（エナノック）社」という企業です。電力会社と電気の利用者（家庭や企業）の間で電力需給のコントロールをする「デマンド・レスポンス」というサービスを提供するビジネスをしています。

デマンド・レスポンスとは、時間帯別に電気料金設定を行う、ピーク時に使用を控えた消費者に対して対価を支払うなどの方法で、使用抑制を促し、ピーク時の電力消費を抑え、

図1

[出典]エナノック社

電力の安定供給を図る仕組みのことを指します。需要者側が電力システムに参画できる仕組みとなっているところが特徴です。

Enernoc社は、10年の間にデマンド・レスポンスを提供するプロバイダーとしてアメリカで最大級の企業に成長しました。すでに売上高が３００億円を超え、アメリカのナスダック（１９７１年に全米証券業協会の主催で開設されたアメリカにある世界最大のベンチャー企業向け株式市場）に上場しています。日本への参入も進めており、大手総合商社の丸紅と提携しています。

デマンド・レスポンス事業では、具体的に、Enernoc社が提供するプラットフォームを利用して電力使用をビジュアル化し、非効率な部分を洗い出して改善策を提示することにより、顧客に対して最適な電気の価格が保証されています。

このデマンド・レスポンス事業に付随して、①予算・調達、②需給管理、③他のエネルギーデバイスの併用、④施設運営の最適化、⑤節電計画の追跡、⑥サスティナビリティレポートの作成、⑦施設における電気料金の管理といった、さまざまなサービスを提供しています。

①予算・調達：電力コストの予算を立てるための正確なデータ（季節による変動、ビジネスユニットごとの消費などを含んだもの）を提供します。分析ツールを利用し、実際の価格が予算と合っているかを追跡・分析することが可能です。

②需給管理：顧客の電力使用履歴をもとに電力を節約できる機会を見極めるサービスです。いつ、そのような機会が訪れるか、何をすればよいのかを知らせるアラート機能もあります。

③他のエネルギーデバイスの併用：ツールを利用して顧客が所有するエネルギーデバイス（再生可能エネルギーや蓄電池など）のデータを分析し、デバイスを使用したことによって節約した金額を正確に算出、またデバイスの不具合などを評価することができます。

④施設運営の最適化：ソフトウェアを利用して、施設の稼働パターンの中から、電力を浪費している部分を分析し、設備運営の改善につなげることができます。

⑤節電計画の追跡：すべての節電計画を集約し、節約可能な電力を予測、実際の消費量

を詳細に追跡することができます。

⑥サスティナビリティレポート（企業が発行する報告書のひとつ）の作成：サスティナビリティレポートの作成を代行します。

⑦施設における電気料金の管理：各施設の電気料金を細かく分析し、可視化することができます。

筆者は、この企業は電力会社と実際に電気を使う人の間に入る形のビジネスモデルであるという点がとても新しいと考えています。Enernoc社自体は、電気を発電するわけではありません。電力会社が節電してほしいタイミングで、それを企業や家庭に伝えて節電してもらいます。その対価を電力会社から受け取り、対価の一部を節電してくれた企業や家庭に渡します。２０１５年現在、サービスは7万カ所以上で使用されています。非常に成長している企業です。

〈事例2〉Powershop 社

http://www.powershop.co.nz/

ニュージーランドの「Powershop（パワーショップ）社」という企業です。ニュージーランドおよびオーストラリアの家庭や企業に電気を販売する小売り事業者です。この会社のユニークな点は、電気をひとつのパッケージ商品として捉え、消費者が購入条件や分

図2

[出典]パワーショップ社

量を選択できるという点です。毎月定額パック、数カ月先までのまとめ買いパックなど、自分に合った購入方法を探せます。

デジタルを上手に活用していて、電力パッケージ購入がウェブサイトやスマートフォンのアプリからいつでも可能ですし、使用電力や今後の予想消費電力が専用アプリでわかります。顧客は、提供される情報を電気の使い方や購入の際の参考にできます。金融業界がさまざまな顧客のニーズに応えて、外貨預金、定期預金、株式投資などの多くの商品を開発しているのに似ています。

また、電気代の支払いは、いつでも可能（前払い、途中払い、後払いなど）で、期日がないため支払いが滞った際の罰金・罰則はありません。そのうえ、家庭の電気をPowershop社に切り替えると、150ドル分の電気が無料で提供されるキャンペーンを実施しています。さらに、切り替え前の電力会社のデータを電子メールで送ると、そのデータをもとにPowershop社に切り替えたことで節約できた金額を割り出し、効果的に節約できていなかった場合には、金額の見直しがされるため、顧客は切り替え時の不安を解消し、その後も継続して電気代を節約できているかをチェックすることができます。

企業向けには、Seasonal PLANとFixed Energy PLANという2種類の電力プランを提供しています。Seasonal PLANは、季節により変化する需要によって、月ごとに価格が変動するプランです。契約期間は決まっておらず、すぐにでも始めることが可能で、中・小企業向けです。一方のFixed Energy PLANは、年間を通じて価格が一定であり、電気料金の予算が立てやすいため、中・大企業向けのプランです。

また、消費電力をオンラインで確認したり、分析・管理したりすることができます。Powershop社への切り替えに際しては、ユーザーが切り替え前であっても、電気料金を電子メールで送ることで切り替え後の料金と比較することができます。また、切り替えに際して契約していた電力会社との連絡は、Powershop社が代行し、電力供給が停滞することなどはなく10日間以内に行われます。

Powershop社は、設立されて10年足らずですが、2016年11月現在で利用顧客は5万6000人にのぼり、消費者団体コンシューマーニュージーランドの調査では、6年間連続で顧客満足度90％以上を記録しています。また、ニュージーランドだけでなく、より競争の激しいオーストラリアでも顧客を獲得しています。電気は、普通使った分だけ払うというのが今までの常識でしたが、まとめ買いをしたり、定額を購入したり、スマートフォンと連動したりと新しい顧客体験を提供しています。

〈事例3〉 espot

http://espot-charge.com/

東京電力エナジーパートナー、ソニービジネスソリューション、関電工の3社が共同で実証試験を開始した「espot（エスポット）」というサービスです。専用のプリペイドカードまたは自身のクレジットカードを使って、店舗やスポットに設置された端末にスマートフォンやパソコンを接続し、充電することができます。このプリペイドカードは「espotカード」と呼ばれ、テレホンカードのような感覚で、20分の充電が１００円でできるもので、認証型のコンセントが設置されているコンビニや、人が集まる商業施設などで電気を気軽に充電することができます。

サービスの単価や利用時間は、店舗ごとに設定が可能で、利用時間は1回あたり10分、20分、30分、60分、90分、１２０分の設定ができます。コンビニなどでは、滞在時間を短く設定できるほか、長時間滞在を前提とした施設などの場合には、長時間の連続充電が可

図3

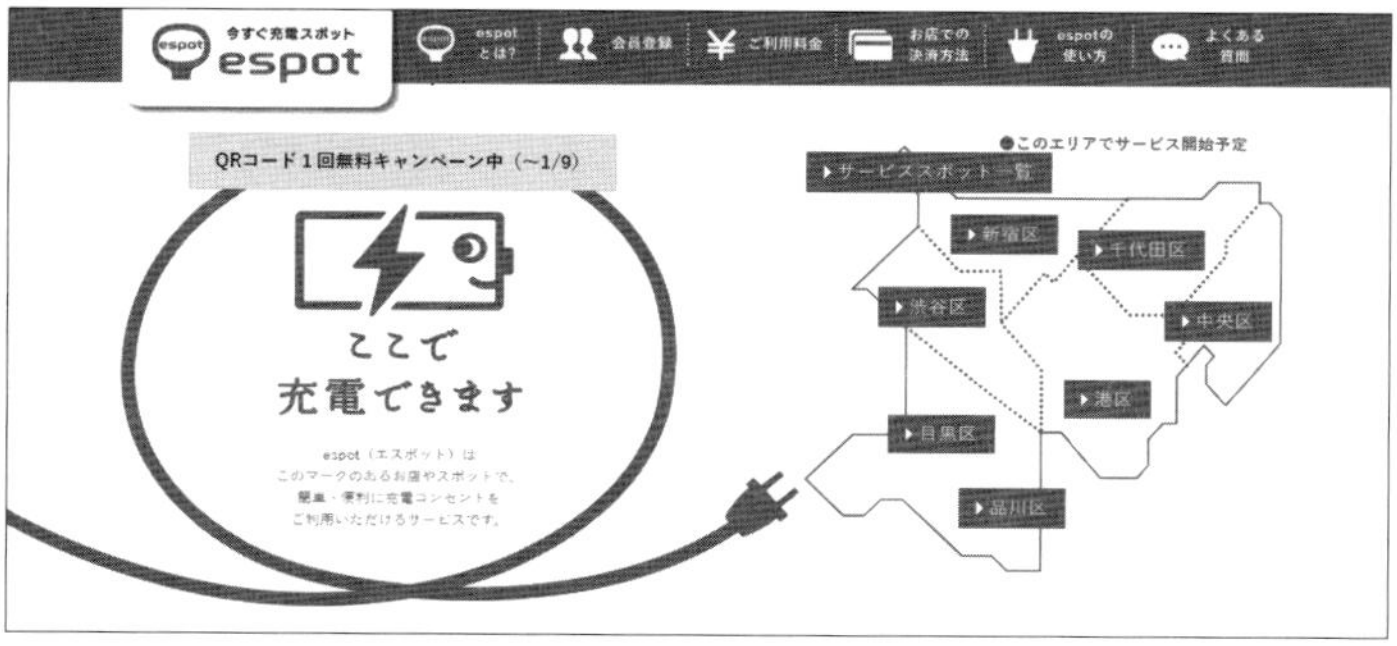

[出典]エスポット

能な設定もできます。

この実証実験は、将来的にはどこでも、誰でも、いつでも電気が使えるというインフラづくりを目指しています。認証型のコンセントを設置することで、利用者に電源使用の利便性を提供するとともに、設置者も安心して電源サービスを提供できるシステムを構築し、新しい事業としての可能性を検証することを目的として、2016年8月23日~2017年1月9日まで、23区内の約30カ所で行われています。実証実験で得られたマーケティング情報の活用のほか、ポイントカードやクーポン配信などの他サービスとの連携も視野に入れ、2018年度中には実用化を目指すとしています。

「わざわざ、このようなサービスを使わないのでは?」と思った方もいるかもしれません。なぜなら、今でもカフェなどにあるコンセントを拝借して電気を充電できるからです。ですが、スマートフォンのある生活に慣れている今の子どもがテレホンカードを見たら、「このテレホンカードってどうやって使うの？　なんのためにあったの？　必要なの？」と質問するでしょう。しかし、テレホンカードが普及したことで、外出先で気軽に公衆電話から電話することが可能となり、外での通話ニーズが高まりました。その過程があり、ポケベルやスマートフォンなどが普及しました。このサービスも将来的にはどこでも、誰でも、いつでも電気を作るインフラづくりの最初の第一歩だと思います。

事例の紹介②　ハード・ソフトウェア階層

〈事例1〉MoixaTechnorogy社

http://www.moixa.com/

イギリスの「MoixaTechnorogy（モイサテクノロジー）社」という企業です。この企業は、自社でネットワーク型の蓄電池を開発し、家庭や企業に販売しています。電気料金が安い時間帯（電力需要が小さいとき、あるいはユーザーの太陽光パネルが発電しているとき）に蓄電池が電気を貯蓄し、ユーザーが使いたいときに使えます。また、余った電気

図4

［出典］モイサテクノロジー社

を販売することができます。

ユーザーは、これにより電気料金を安く済ませることができるだけでなく、停電に備えることもできます。また、販売した蓄電池同士を数十家庭つなげることで、新たな付加価値を提供しています。蓄電池を購入した数十家庭同士がコミュニティになって電気を融通し合えます。ほかにも太陽光パネルと蓄電池がパッケージになった商品もあります。これを購入し使用することにより、電気料金を60％節約することが可能です。これらの機能（発電、貯蓄、使用、売電）を一括で管理することのできるソフトウエアおよびオンラインツールも提供することで、遠隔管理や電力の見える化にも対応しています。

MoixaTechnorogy社は、２００６年に設立され、Pilot ECO USB Cell batteryというＵＳＢで充電可能な充電池を開発し、その環境性能とスタイリッシュなデザインからIFデザインアワード金賞を受賞しました。今回のネットワーク型蓄電サービスも、新しい電力の形「VPP（仮想発電所）」として世界中から注目を集めています。また、急激な需要の伸びが予想される再生可能エネルギーの課題である柔軟性のなさ（発電量のムラ）に対し、蓄電技術は、その柔軟性をもたらす重要な技術であるため、今後のエネルギー需給を支える解決策として注目されています。

〈事例2〉Wattway　http://www.wattwaybycolas.com/en/

「Wattway（ワットウェイ）」は、フランスの建設企業Colas（コラス）社がフランス国立太陽エネルギー研究所と共同で開発した太陽光発電道路です。従来の大規模太陽光発電所は、十分な日照が確保できる広大な土地が必要とされていましたが、Wattwayは、農場や自然環境を阻害することなく太陽光発電が行えます。道路は、車に遮られてうまく発電できないのでは？　と思われるかもしれませんが、実際に道路が車で覆われているのは日照時間のうちたったの10％であり、それ以外の時間は発電に利用することが可能です。

Wattwayの太陽光電池セルは、重いトラックなどにも耐え得る素材によって守られているため、すぐに壊れてしまうといったようなことはなく、寿命も通常のアスファルト道路と変わりません。また、タイヤが滑りにくくするためにザラザラとした加工がしてあり、

図5

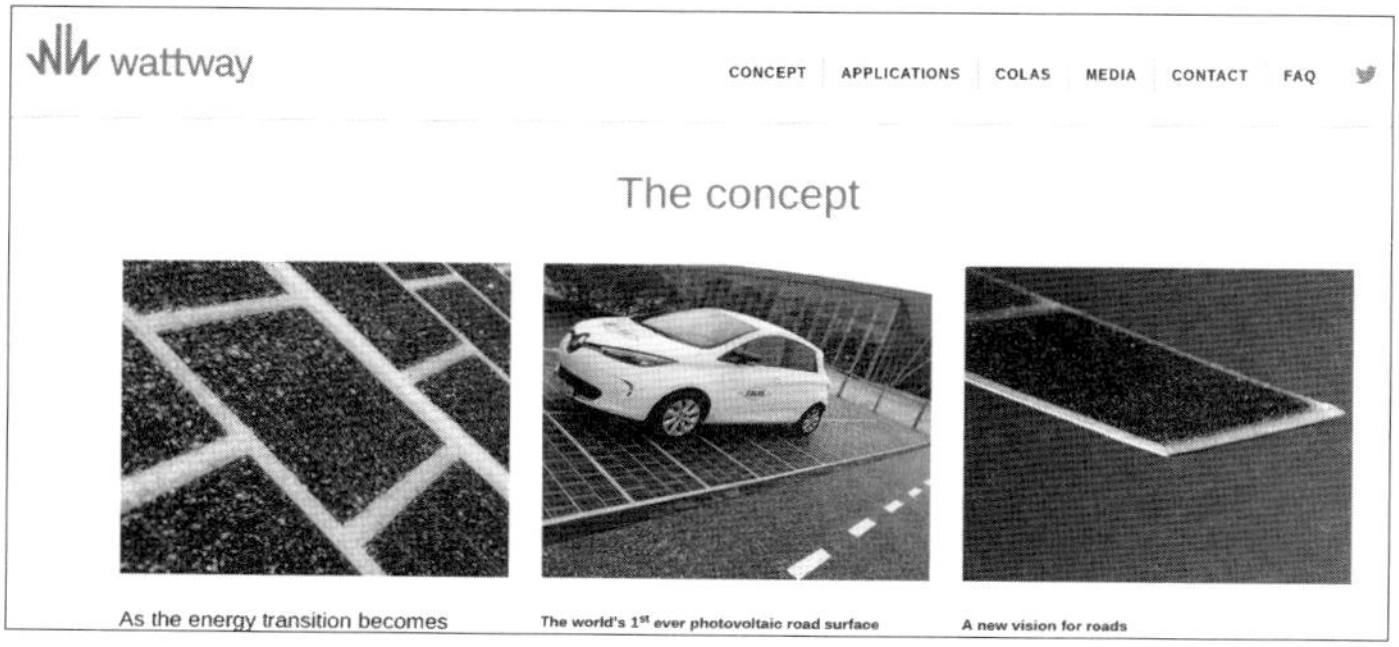

［出典］ワットウェイ（コラス社）

幅広い温度や天気にも対応しています。さらに、既存の道路の上から取り付けることができるため、導入が簡単で低コストであることもWattwayの特徴となっています。20平方メートルのWattwayパネルで1軒の家の必要電力を賄うことができ（ただし、暖房を除く）、距離１キロのWattwayパネルを敷いた道路で、５０００人規模の都市の公共照明設備に必要な電力を賄うことができるとされています。このWattwayは、主要都市だけでなく、それまで電力網からもれてしまっていた発展途上国の孤立地域（無電化地域）でも導入が可能であるところにもメリットがあり、今後は、そうした孤立地域での導入が進んでいくとみられています。

フランス政府は、今後5年間で国内全長１０００キロの道路を太陽光発電道路にするとしています。２０１７年末までに、国内のみならず世界１００カ所で試験運用を行う予定であるとしており、太陽光発電道路の普及を全世界で加速させるとみられています。また、現在は一般企業や地方自治体向けに販売されていますが、2〜3年後には私道でも導入可能になるとしています。機能的な側面では、今後は「つながる道路」として交通情報、道路自体の維持管理、電気自動車のワイヤレス給電などができるようになるとしており、道路に今までなかった価値が付与されていく見込みです。

このWattwayは、2015年の国連気候変動枠組条約第21回締約国会議（COP21）においてClimate Solutions Awardを受賞しており、世界からの注目度も高い技術となっています。

〈事例3〉㈱音力発電

http://www.soundpower.co.jp/

神奈川県藤沢市にある慶應義塾大学SFC（湘南藤沢キャンパス）発のベンチャー企業として誕生した「㈱音力発電」です。エネルギーハーベスティング（環境発電：身の回りの環境からエネルギーを刈り取る）に関する研究開発、コンサルティング、ライセンス事業を行っており、今まで活用されていなかった小さな動力を発電に活かす挑戦をしています。

この企業の代表的な発電システムは2つあります。ひとつは、人が歩行したり、車が走

図6

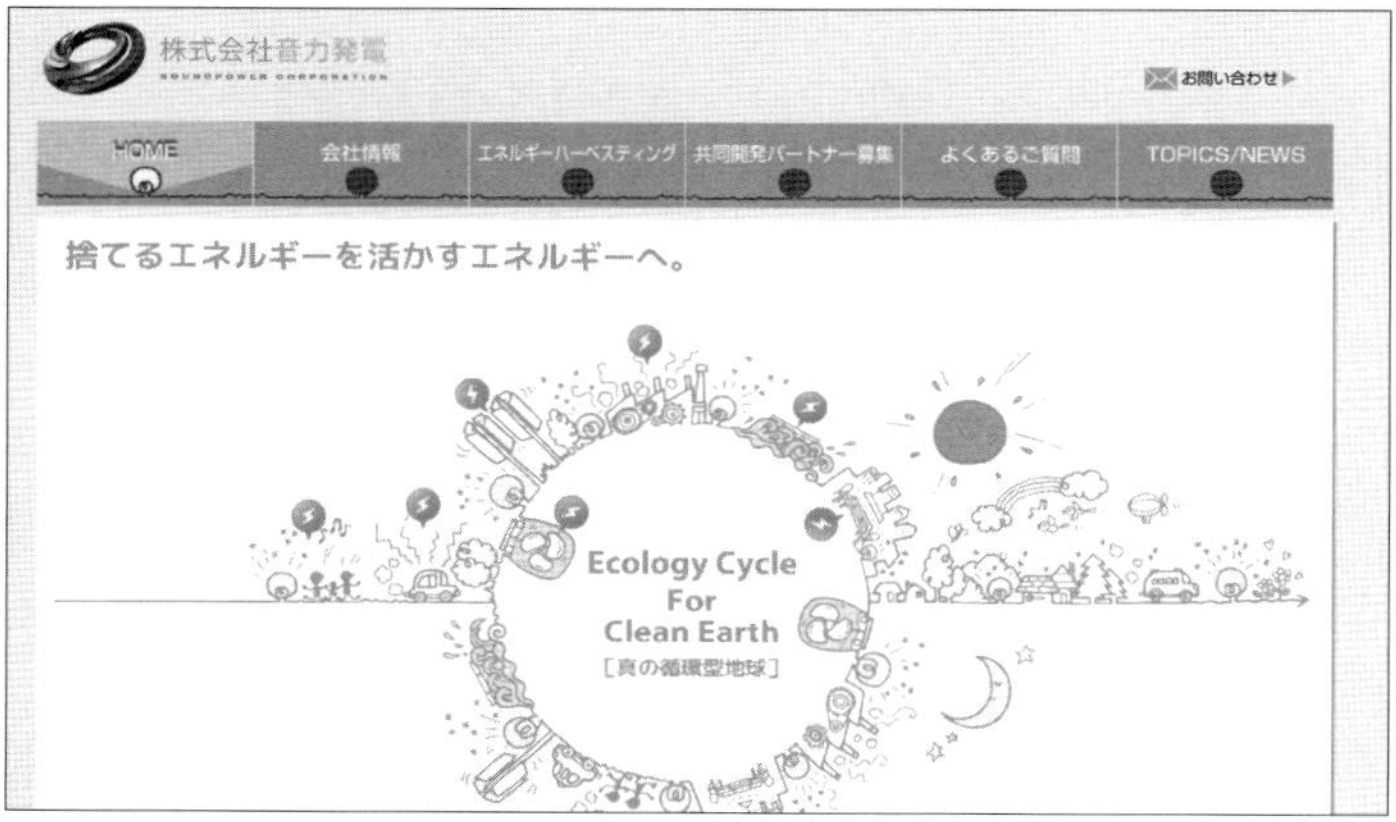

[出典]㈱音力発電

行したりする際に発生する振動のエネルギーを電気エネルギーに変換する「振動力発電」です。

もうひとつは、人の声や騒音をエネルギーに変換する「音力発電」です。例えば、歩くと明かりがつく道路や廊下用の避難誘導灯を提供しています。これは、災害時などに非常に有効です。停電時に、少し歩くだけで明かりがつき、避難者を避難経路へ誘導することができます。ほかにも指でボタンを押した際の振動を利用して発電を行う小型の発電ユニットは、電池レスリモコンや発光する靴として活用されています。さらに、振子の振動を利用した発電機は段差を照らすライトとして活用されています。

また、㈱音力発電では、道路の騒音を収

集し、それをエネルギー源として発電し遮音する遮音壁を開発しています。これにより道路の騒音を、環境に負荷をかけることなく軽減することができます。

これらの技術は、これまで利用されなかったエネルギーを使って発電を可能にするため、環境負荷をあまりかけず、また比較的簡単に導入することが可能です。将来的には、振動力発電機を高速道路に設置することで周辺地域の電気を賄ったり、航空機の騒音を軽減したりする構想もあり、社会的にも注目を浴びています。また、2016年には、経済産業省関東経済産業局「戦略的基盤技術高度化支援事業（サポイン事業）」に継続案件として採択されており、産官学連携による開発支援も受けています。

インタビュー――㈱音力発電　代表取締役　速水浩平氏

「音力発電」は、小学生時代の「発明ノート」から誕生

Q――いつごろから、この事業について考えていたのですか？　起業までの道のりを教えてください。

A― もともと発明好きな少年で、小学生のころから「発明ノート」というものをつくり、思い浮かんだアイデアをため込んでいました。その中に書いたアイデアのひとつが「音力発電」のもととなっています。小学校の理科の授業で、電気でモーターを回すのではなく、モーターを回して発電する（電気を生み出す）ということを習ったのがきっかけです。同じことを音からできないかと考えました。つまり、スピーカーは、電気を使って音を出していますが、逆に音から発電できないかと考えたのです。

小学生のときにヒントを得た音力発電について、本格的に取り組んだのは大学に入ってからです。私が学生生活を過ごした慶應義塾大学ＳＦＣは、やる気のある学生に挑戦のチャンスが与えられるような活気のある学び舎でした。

研究テーマを決める際には、まずは小・中・高等学校と自分なりに考えて調べ、温めてきたアイデアのうち、特に関心の高い６つをピックアップしました。その中から研究テーマをひとつに絞り込んだのですが、それが音力発電でした。音で発電するメカニズムを徐々に改良していったのですが、実際に商品化を考えた場合に発電量が少ないという課題が浮かび上がってきました。そこで、発想を転換し、ほかに応用できないかと考えました。具体的には、音は空気中を伝う振動なので、音以外の振動にも応用していこうと考えました。

このような発想で生まれたのが、当社の主力商品である「発電床」です。人が歩行することによって床に生まれる振動を電気に変換する仕組みです。歩行だけに限らず、パネルに振動を与えれば、どんなアクションでも電気を生み出すことができます。椅子に座ることや、壁をドンドン叩くといったアクションから生まれるのです。

発電床の研究が進んでくると、会社を立ち上げたいという気持ちが次第に強くなっていきました。まずは、個人事業主として事業を展開し、地元の企業から発電床と絡めた開発の仕事を始めました。仕事の相談も少しずつ増えていき、一定の目途がついたタイミングでベンチャー企業の設立を進めました。

起業した当初は、すべてを自分でやらなければなりませんでした。そこで、慶應義塾のネットワークを幅広く活用したメンター三田会が開催している無料合同相談会を利用しました（メンター三田会では、ベンチャー企業を設立したい学生向けの相談会が月に1回ほどありました）。確かに、会社を立ち上げた当初はひとりだけでしたが、メンター三田会などを通じてさまざまなバックアップやアドバイスがあり、事業を軌道に乗せることができました。

最初に商品を買ってくれたのは、文具やオフィス家具などを扱うコクヨ

Q2　事業飛躍のきっかけは？　どのように事業を展開してきたのですか？

A2　会社を始めた当初は、発電床のレンタル販売が主力でした。例えば、クリスマスイルミネーションを灯すために、発電床をレンタルで貸し出すビジネスです。今でもレンタル事業は継続していて、通常、月に数件の依頼がきています。クリスマスやバレンタインといったイベントとは相性がよく、依頼が通常の倍以上に増えます。イベントなどで利用してもらうことで多くの人の目に触れ、発電床の宣伝にもなりますし、さまざまな使い方をしてもらうことで、耐久性の検証にもなっています。

こうしたレンタル事業や開発事業を続けるなかで、文具メーカーのコクヨさんに関心を持っていただき、初めて製品として販売することができました。今なお、コクヨさんとは一緒に事業をさせていただくほか、当社に出資いただくなどの支援もいただいています。

社会的な信用力がある企業に発電床に採用されたことが、プロモーションの起爆剤となり、テレビや新聞・雑誌などメディアにも取り上げていただきました。それが、さまざまな業界に広がっていき、お客様のニーズに合わせた特注品の注文が次々とくるようになりました。

現在は、特注品ではなく発電床をパッケージ化し、量産化しています。「15センチ×15センチ」というサイズと、倍の大きさである「30センチ×30センチ」という2種類があります。お客様から相談を受けた際には、まずは量産化したユニットでニーズを満たせるのかを考え、難しければ特注品を検討します。

身近な道具から社会インフラまで幅広く活躍

Q3　具体的な導入事例などを教えていただけますか？

A3　例えば、日本バレーボール協会さんと協力し、バレーボールの会場内に発電床を取り付け、踏むとスマートフォンにBluetooth（デジタル機器用の近距離無線通信規格のひとつ）が飛ぶシステムを設置しました。発電床にはID（認識番号）が振ってあり、クラウドサーバー上に登録してある情報と照らし合わせ、誰が、いつ、どこに来たのか、というようなことがわかる仕組みです。スマートフォンとAR（拡張現実）技術を活用することで、バレーボール選手と一緒に写真を撮ることや、クーポンがもらえるなどの特典を受けることができます。日本バレーボール協会さんとしては、バレーボール会場にたくさんの観客を呼びたいというニーズがありました。そうしたニーズを満たす解決策として、発電床の技術がうまくマッチしました。バレーボールの試合に限らず、発電床の技術は応用の幅が広いです。ほかにも、一部の美術館には、音声で説明を聞くことのできる装置がありますが、その装置の代わりに発電床を利用できます。絵画の前で床を踏むと、音声で説明してくれるという仕組みです。

介護の世界でも活用を進めています。介護施設では、入居者が勝手に建物から外出したことがわかるセンサーとしての使い道があります。サンダルに発電床のシステムを組み込み、各部屋から外に出た際に感知するような仕組みです。簡易的な実験も既に実施しており、一定の効果をあげています。また、光るタイプの「発電靴」も考えられます。夜間に施設の入居者が外に出て行って徘徊してしまう場合は、思わぬ交通事故につながる可能性があるので大変危険です。ある地域では、１日に平均２人の徘徊が通報されているといいます。そのため、この地域では、ボランティアで捜索する体制が整っているのですが、夜になると暗くなり、探すのが難しいということもあって当社の技術が貢献できればと考えています。施設の入居者には、発電靴を履いてもらい安全性を高めるというプロジェクトを進めています。電源は、乾電池でも応用ができそうですが、充電量の確認が煩雑ですので、歩くだけで発電できる当社の技術が有効です。

交通インフラの事例としては、「スマートブリッジ」化があります。橋に１メートル間隔でセンサーを置くことで、ゆがみを検知するものです。そうすると、事前に修理するべき箇所がわかるので、橋の寿命を延ばすことができます。橋梁は、ほぼ常に風などにより揺れています。さらに自動車が通ることによっても揺れますので、その振動を電気に変換することでセンサーを稼働させる仕組みです。橋は、もともとの建設費用が高額なので、寿命が延びると経済効果も大きくなります。

また、道路に設置することで、交通量のカウンターや駐車場の空き状況管理システムといった活用も可能です。例えば、高速道路を走っていると、サービスエリアの駐車場に空きがあるか、もしくは満車であるか表示されますよね。ただし、１００％確実ではなく、より精度を高めるにはセンサーを設置する必要があります。その電源を、発電床で賄うことができると考えています。

子供たちに人気があったものでは、「発電長縄跳び」があります。長縄跳びが透明のチューブになっており、中にLED（発光ダイオード）が入っている仕組みです。長縄跳びを回すと発電し、光の輪っかの中を飛んでいるように見えます。小学生や中学生には、大変人気があり、たくさんの児童・生徒が遊んでくれました。長縄跳びのプロの方がダブルタッチといった技を披露してくれて、それは大変カッコよく、多くのメディアに取り上げられました。振動による発電を、より多くの人たちに知ってもらうためにわかりやすさを大切にしています。確かに当社の商品は、専門性が高く、技術的な理解が必要な部分もあります。ただ、難しいことをわかりやすく、かみ砕く工夫をすることで、いろいろな人たちを巻き込むことができます。そもそも振動があらゆるところに存在しているという特徴と、わかりやすく説明しようと工夫している点が、さまざまな分野で幅広くご利用いただいている秘訣だと考えています。

こだわりは、日常的な動作で発電できること

Q４　事業を進めていくにあたって、大切にしていることや苦労したことを教えてください。

A４　床を踏むと発電できる当社の技術ですが、もし歩いてフニャフニャする床であれば歩きにくいですよね。フニャフニャとした床のほうが発電量はたくさん得られるのですが、そうするとなかなか普及が進みません。有益な技術であっても、ひとたび不便を覚えるような仕組みでは、結局、使ってくれなくなると考えています。そのため、踏んだ感覚も普通の床とほとんど変わらず、日常的に利用できるように改良を重ねています。そこは、非常にこだわっている部分です。

起業して初めてわかったのですが、量産化までには長い道のりが必要です。まず、工場に試作品の製作を依頼しますが、工場が感じている常識と当社の技術ノウハウに差異がいくつもあります。その差異を埋めるやり取りは、非常に時間がかかります。やっとの思いで試作品ができたあとも、実際に量産化するとなるとさまざまな問題に直面しました。例えば、耐久性や規格による制限、大きさなどといった課題をクリアする必要があります。実際に製品を納める際には、追加で1年半、テストを行いました。耐久性に関しては、100万回繰り返し踏むことを想定した試験に合格しています。通常の家庭内の利用であれば、30年以上は取り換える必要がないと想定しています。そのように試行錯誤を繰り返し、改良を重ねる日々を経て、5年間をかけて量産化が実現しました。いま思うと、このテストを繰り返すプロセスは大変重要だったと考えています。厳しいテストをクリアしているので信用されますし、自信を持って売ることもできるようになりました。

お客様からの要望のなかでも、発電量の大きさよりも耐久性や低価格を求められることが多いです。個々のイベントや企画で発電床の利用を検討する際も、発電量は既に十分であり、それよりも耐久性を高めてほしいといった要望を受けます。技術が世の中に普及していくには、総合的な視点で各業界の企画やニーズなどにも合わせていく必要があると考えています。また、現在、特許を45件ほど保有しています。当社の役割として特許の管理や仕様の設計など、技術的にコアな部分を中心に事業展開しています。技術面については、当初は外部に漏らさないように細心の注意を払っていました。ただ、あまりブラックボックス（秘密の部分）が多いと製造がうまく進んでいかないジレンマ（板挟み）があります。生産を委託する工場には製品をつくってもらう必要があるので、細かいところまでノウハウを伝える必要があるからです。そのため、信頼できる企業や担当者を見つけていく必要があります。

守るべきノウハウとオープンにしてもよいノウハウをバランスよく考えていく必要があります。Amazonで発電キットを販売していますが、そうすると分解して誰でも調べることができます。中身を見られるという不安もありますが、むしろ身近に親しんでもらい、手に取って試してもらうほうが信用され、結果的に事業が成功すると考えています。現在販売している製品を分解し、中身を見ただけでは、実際のモノづくりにおいて重要な技術やノウハウがわかりにくいと思います。守るべき技術とノウハウを区別して公開できる、あるいは公開すべきと思うものは、積極的に公開して社会に浸透する技術にしたいと考えています。

大きな目標のひとつは「波力発電」を実現させること

Q5　今後の目標を教えてください。

A5　今後の目標としては、大きく2つあります。1つ目は、発電床などの既存製品をバージョンアップし、量産化していくことです。エネルギーハーベスティングや地産地消の電源として利用してもらいたいです。

そして2つ目の大きな目標として「波力発電」の実現があります。波力は振動の塊なので、当社の技術を応用できると考えています。日本は資源が少ないといわれていますが、周りを見れば、四方八方海に囲まれた島国であり、潤沢なエネルギーがあると私は思っています。実は、波力は昔から研究が続けられているのですが、台風などで壊れてしまうので、最初から難しいという定説ができてしまっています。つまり、諦めムードがあるのですが、よくないことだと考えています。そもそも、私が音による発電を始めたときも、常識的にそんなことは無理だ、やめたほうがよいという意見ばかりでした。知らぬは私だけだったのか、とも思いましたが、小学生のときから実現したいと思っていたことを、いきなり諦められるはずもありません。むしろ、誰もが難しいと考えることを成し遂げられたら、それは凄いことだと奮い立たせて突き進んできました。そうして研究を続けていくなかで、製品の質が高くなってくると、いろいろな人たちが音力発電を面白いと思ってくれるようになりました。現在、「波力発電は、台風対策もあるので、実用化が難しい」という常識がありますが、私は、そのような常識を覆していきたいと考えています。つまり、音力発電のように波力発電も実用化できると私は考えています。波力という振動のエネルギーで、社会インフラを支えるような、大規模な発電を可能としたいです。新規事業としては、そういったことを目指しています。

　電力の自由化は、エネルギーの未来を変える大きな転機になると考えています。電力の自由化により新しい企業が参入し、既存の電力会社も触発されて新しいことに挑戦するのは、非常によいことだと思います。もちろん、将来的に安定供給が担保できるのかなどの課題はありますが、それよりも大きなメリットがあると思います。電力の自由化をひとつの契機として、新しいサービスが次々に生まれていくことを期待しています。

事例の紹介③　コンテンツ階層

〈事例1〉C3 IoT社

http://c3iot.com/

　アメリカの「C3 IoT（シースリーアイオーティー）社」という企業です。ＩｏＴ時代におけるGoogle社に最も近い会社のひとつです。顧客である企業に対し、ＩｏＴのプラットフォームを提供しています。これによりユーザーは、次世代ＩｏＴを簡単かつ素早く事業に適用することができます。

商品には、①C3 IoT Platformと呼ばれるプラットフォーム、それに付随する機能部分である②C3 IoT Applications、そして③C3 Ex Machinaと呼ばれる、コードを書かずにデータを視覚化して管理できるシステムがあります。以下は、各製品の特徴および概要をまとめています。

各製品の特徴および概要

①C3 IoT Platform：企業のＩｏＴ運用をサポートするプラットフォームで、膨大なデータを処理することができます。データ集約／抽出、管理、分析、発展、学習といったさまざまな機能を併せ持っており、機能を組み合わせて使うことも可能です。

②C3 IoT Applications：C3 IoT Platform内に設置されている機能のひとつで、企業内外のシステムにあるさまざまなデータを集約し、管理することができます。そこで、エネルギーに関する機能をまとめてみました。

［エネルギーに関する機能一覧］

⑴C3 Energy Management：大企業や官公庁、施設向けのエネルギー管理サービスです。

(2) C3 Energy Grid Analytics：スマートグリッドビジネスの立ち上げおよび運用のために、メーターの管理やリスクマネジメント、顧客管理などを行うサービスです。

(3) C3 Energy Customer Analytics：顧客のエネルギー使用や費用を分析し、節電計画モニタリングなどを提供するサービス。顧客とコミュニケーションをとることもできます。また、このアプリによって顧客の興味や行動を分析し、サービス向上に役立てることもできます（詳細は後述）。

(4) C3 Energy Oil & Gas Analytics：石油・ガスの源泉やパイプラインの管理をするサービスです。リスクマネジメントや需給予測、燃料供給施設のマーケティングなど、幅広い機能を内蔵しています。

③ C3 Ex Machina：コードを書かずに、データを視覚化して管理できるシステムです。ハイスピードな機械学習によってデータの整理、分析、学習、予測、運転をすべて行うことができます。

ここでは、エネルギーに関係のあるサービスのひとつ C3 Energy Customer Analytics について詳細に説明します。このサービスには、家庭をターゲットとする電力会社向けと、中小企業をターゲットとする電力会社向けの2種類があります。

図7

［出典］シースリーアイオーティー社

家庭をターゲットとする電力会社向けには、消費者のエネルギー使用やコストを分析し、それぞれの節電計画を作成するサービスを提供しています。また、モバイルデバイスやウェブチャンネルを使って、消費者と電力会社がコミュニケーションをとることもできます。消費者のデータをもとに興味や行動を分析し、サービス向上に役立てることもできます。

中小企業をターゲットとする電力会社向けには、その企業が電力消費量や電気料金をより理解できるようなサービスに加え、電力消費量の削減や節電計画策定、さらに電気料金の払い戻しや補助金獲得などに役立てるサービスを提供しています。この過程で得た情報を、顧客満足度の向上や固定顧客の獲得に役立てることもできます。

C3 IoT社は、２００９年に設立され、ＩｏＴをビジネスに取り入れるプラットフォームの提供者と

図8

[出典]サッソー社

して業界から注目を集めています。今回紹介したサービスのほかにもＩｏＴに関するありとあらゆるサービスを提供し、幅広い業界で利用されています。アメリカ国務省との契約もあり、連邦政府のエネルギー管理と予想分析技術に関する企業提携は、史上初ということで、今後の活動が最も気になる注目企業です。

〈事例2〉㈱Sassor　https://sassor.com/

日本のＩｏＴベンチャー企業「㈱Sassor（サッソー社）」です。この企業は、家電製品ごとの電力使用量のモニタリングができる機器を製造・販売し、収集したデータをクラウドサーバ上に蓄積、分析する一気通貫したサービスを提供しています。特にデータ分析のアルゴリズム開発に強みがあり、自社のビッグデータを活用して、新しいサービスを開発したい企業の支援も行っています。また、電源コードに付けておくだけで、スマートフォンで電気の使用量がわかる「スマートクリップ」の製品化を進めています。

コラム―ライフスタイルを豊かにする電力とIoTの可能性

㈱Sassor CEO（最高経営責任者） 石橋秀一

電力とIoTのコラボレーション、現在は産業分野でのニーズが活発

電力業界でのIoT活用への関心が徐々に高まっています。その注目度の高さを牽引するのは、やはり「電気代の削減」という目に見えてわかりやすいメリットです。特に動きが活発であるのが、工場やプラントなどの「デマンドコントロール」といった分野になります。大規模な施設であれば電気代も高額となりますので、高い省エネ効果を期待できますし、経費削減の観点からも魅力的に映るのではないかと思います。

一方で、コンシューマー向けは、現在の段階ではなかなかビジネスに結びつけることが難しい状況です。各家庭が支払う電気代は少額となりますので、機器の開発段階から単価や効

果を強く意識する必要があり、今は、まだトライアンドエラーが必要な時期であるといえます。ただ、当社は、これまでコンシューマー向けの収益化に向け、試行錯誤を長年にわたり繰り返してきました。そうした活動の中で見えてきたこともあり、今後は、単純な省エネではなく、ライフスタイルそれ自体を豊かにするような発想が必要になると考えています。

電力業界での活動は偶然

当社は、2010年にスタートしました。2010年というのは、IoTベンチャーとしては最も初期の世代にあたります。当時は、電力業界にフォーカスするつもりはありませんでしたが、偶然にも最初の仕事が電力関連であり、ビジネスを広げていくきっかけとなりました。

最初に当社で販売を開始したのは、コンシューマー向けのスマートタップです。コンセントにデバイスを差し込み、機器ごとの電力をクラウド上で管理するものです。1コンセントあたりの価格は2万円ほどで、100セット限定で販売していました。しかし、費用対効果の側面からも、よほど意識の高い層にしか販売に結びつきませんでした。現在は、この商品は生産を終了しているのですが、このときコンシューマー向けとして、電力とIoTを結びつけることの難しさを強く実感しました。

その後、飲食店から機器ごとの消費電力の計測を活用した省エネコンサルティングのご依頼をいただき、そこから事業を発展させていきました。店舗ごとの電気の利用状態を管理することで、機器単体ごとの無駄と使い方の間違いを分析します。例えば、機器のつけ忘れや消し忘れといった部分から、エアコンや熱を利用する機器の運用の仕方まで分析し、アドバイスやレポート提出をするといった内容です。こうして得られた経験は、当社において今なお貴重な財産となっています。また、NTTデータとの提携では、NTTデータが提供する電気事業者向けの顧客管理システムの付加価値として、当社の電力管理サービスなどとの連携ができないか検討を行っています。

電力×IoT事業は、ベンチャーでも闘うことのできる領域

最近は、「集めたデータをどう分析したらよいかアドバイスがほしい」と言った相談が増えています。例えば、住宅の家電製品などを最適に制御することで、効率的な省エネを実現するアルゴリズムを考えてほしいという類の相談です。その仕組みは、機器の電力データや操作履歴を吸い上げて、家庭ごとのパターンを反映し、機器を効率的に管理するといったものです。ここで難しいのは、最適な解を生み出す一律のアルゴリズムというものは存在しない点です。そのため、各々の条件を勘案し、チューニングをする必要が出てきます。例えば、個別の家電が持つスペックを考慮する必要がありますし、居住者の生活自体を不便にしないような配慮も重要です。そうしたさまざまな制約がありますので、個別の状況に合わせてア

図9

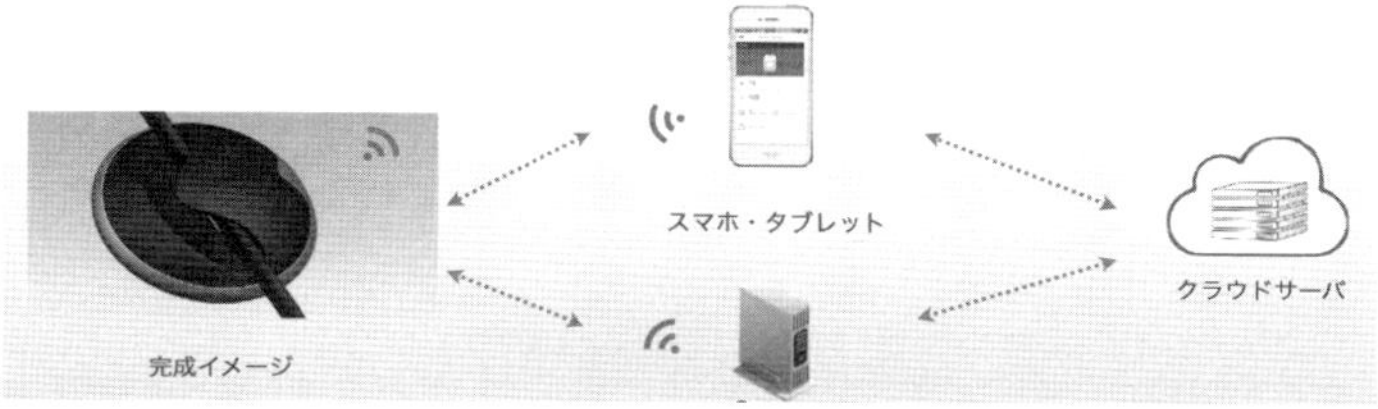

[出典]㈱Sassor資料

ルゴリズムをつくる必要があります。このアルゴリズムをつくるうえでは、経験則からの着眼も非常に大切で、それが品質向上に寄与していると考えています。電気の利用データのみから、いつ帰って、何時に起きて、いつ料理して、といった行動を類推することは、これまでの経験の蓄積があったため分析することができます。

データ分析やアルゴリズム開発というのは、そもそも保有しているデータやトライアンドエラーが少ないと、精度の高い成果が得られません。その点で、当社は、長年にわたるデータ分析のノウハウがあり、加えて特許取得済みのアルゴリズムもあります。そこで重要となるのは、個々人が年月をかけて蓄積してきた、職人的な分析と洞察です。こうした観点から、この分野は、分析する技術さえ持っていれば、資本力の小さなベンチャーでも闘うことのできる領域だと考えています。

最近注目している会社は、アメリカの「C3 IoT社」です。企業が集めたデータ分析をしていこうとすると、汎用的なツールは大変難しいため、業種ごとにつくり込みが必要になります。そこには大変な手間がかかるのですが、C3 IoT社では、さまざまな業種業界別で使える分析環境を企業に提供しています。データ分析が、より身近になっていくのではないかと考えています。

電力とＩｏＴの融合でライフスタイルを豊かにする時代に

電力とＩｏＴの分野では、今は省エネへの関心が高いですが、今後は、ひとり一人の生活を豊かにするような技術や製品が生み出されていくと考えています。

当社は、これまでの積み重ねにより、回路設計から製品製造、そしてクラウド上のソフトウェアの開発、そのほかにも集めたデータの分析や人工知能開発まで手掛けられるようになりました。こうした、長年にわたるデータ分析のノウハウと、一気通貫で製品やサービスをつくることができることが強みになっています。創業当初と比較すると成長した部分も多く、持てる知恵を最大限に活かしながら、新しいサービスの開発を進めています。例えば、電気コードに付けるだけで電気代がわかる「スマートクリップ（仮称）」という製品を開発中です。この機器をコードに付けると、スマートフォンなどで電気の利用データを見ることができます。どういった家電が、どのくらい電気を使っているのか、といったことがリアルタイムにわかります。家庭向けでは、価格が大切であることを痛感しています。試行錯誤を繰り返して低コスト化を進め、目標としては、スマートクリップひとつが１０００円を切る価格帯を目指しています。

また、住宅の面では、電気の利用データ以外に環境センサーを設置することにより、居住者の生活改善を促すサービスが考えられます。環境センサーは、温度、湿度、気圧、照度、人感、騒音、といった6種類のデータを収集することができますが、そこで集めたデータと電気の利用データを組み合わせることで、新しい価値を提供します。例えば、健康状態を診断し、早く寝たほうがよい、ずっと同じところに座っているから運動不足であるなど、生活に密着したアドバイスが可能となります。

スマートメーターがウェアラブルデバイスや環境センサーと連携していくことで、電気の利用データや体温などのバイタルデータ、湿度などの室内データが複合的に連携し、新しい付加価値を提供できるような未来が考えられます。

電気の利用形態は、十人十色です。よりパーソナライズされた分析が生活自体を豊かにしていくと思います。電気とIoTの融合には、多くの可能性が秘められています。自らの挑戦も含めて、新しい技術やサービスが生まれていくことを期待しています。

おわりに

第3章では、これからの電力ビジネスを考えるためのヒントとして、国内・海外の先進企業8事例を紹介しました。ここで紹介できたのは、そのうちほんの一部です。世界を見渡せば大小限らず、たくさんのエネルギー（特に電気）とデジタルを融合したビジネスが生まれています。

先ほど、10年、20年先を具体的にイメージできたら、そこからビジネスチャンスが考えられると書きました。ここで改めて筆者が考える２０３０年の社会を、変化の４つのキーワードを意識しながら紹介したいと思います。

２０３０年の日本――「自宅や道路、駅など生活圏のあちこちから電気が発電され（『集中から分散へ』）、電気自動車や蓄電池に貯めた電気をお互いに共有し合っている。また、海外旅行中に旅先の国で電気を購入する人も増えている。ＩｏＴが進み、さまざまな持ち物がインターネットにつながり生活が便利になった。ワイヤレス充電の普及が進んで、持ち物は常に充電されているため、持ち物の充電を気にすることはほとんどない（『ワイヤードからワイヤレスへ』）。そして電気利用データは、すべてデータ化（『アナログからデジタルへ』）され、蓄積した電気の利用情報（『製造・流通業から情報産業へ』）から社会全体としてより効率的なエネルギーの運用が考えられている」

いかがでしょうか？　２０３０年は、今よりもずっと循環型社会に近づいていると思われます。これから来るＩｏＴの技術革新が進むにつれ、電力を必要とする機器が増加するのに対して、発電での地球環境への影響は、最小限に抑えなければなりません。そのためにも、この電力の変革が招く循環型社会は、私たちのこれからの未来に必要不可欠なのです。

「電力事業って本当にビジネスとして魅力があるのだろうか」と悩んでいる電力事業関係者の方は、20年くらい先をイメージしながらメリット・デメリットを考えていただければと思います。電力ビジネスは、これから10年をかけてデジタル化（データ化）が進み、ＩｏＴ、ロボット、ドローン、ＡＩといったテクノロジーと融合して、いつしか情報産業の一翼を担うことになるでしょう。

これは、少し大げさに表現すると「21世紀最大のビジネスチャンス」です。通信の自由化から始まった変化が、今の私たちの生活習慣に与えた影響の大きさを思えば、まったく現実から遠いことではありません。

近い将来、私たちの想像を超えた「変革」が起こります。その過渡期で何かビジネスを生み出すことができると考えると非常にワクワクします。

最後に、本書を通して、日本全国で電力ビジネスに挑戦する方々が改めてエネルギー（特に電気）の未来に魅力を見出していただき、勇気を持って挑んでいただければ幸いです。また、本書刊行の機会をいただいたエネルギーフォーラム出版部の山田衆三氏に厚く御礼申し上げます。

〈著者紹介〉

江田健二　えだ・けんじ
一般社団法人エネルギー情報センター 理事

1977年、富山県砺波市出身。慶應義塾大学経済学部卒業後、アンダーセンコンサルティング（現：アクセンチュア）に入社。エネルギー／化学産業本部（リソースグループ）に所属し、電力会社のCRMプロジェクト、大手化学メーカーのSCMプロジェクトなどに参画。アクセンチュアで経験したITコンサルティング、エネルギー業界の知識を活かし、2005年に起業後、RAUL（ラウル）社を設立。一般社団法人エネルギー情報センター理事、一般社団法人エコマート運営委員、一般社団法人CSRコミュニケーション協会理事、現職。「環境・エネルギーに関する情報を客観的にわかりやすく広く伝えること」「デジタルテクノロジーとエネルギー・環境を融合させた新たなビジネスを創造すること」を目的に執筆・講演活動などを実施。主な著書に『エネルギー自由化は「金のなる木」70の金言＋α』（2017年、エネルギーフォーラム）、『3時間でわかるこれからの電力業界 ―マーケティング編― 5つのトレンドワードで見る電力ビジネスの未来』（2016年、good. book）、Amazonベストセラー第1位（エネルギー一般関連書籍部門）となった『かんたん解説!! 1時間でわかる 電力自由化 入門』（2015年、インプレスR&D）など。

書籍へのご意見、ご感想などをお待ちしております。

bookeda@ra-ul.com

〈制作協力〉鈴木祐子、森正旭

エネルギーデジタル化の未来

2017年 2 月25日　第一刷発行
2018年 4 月 7 日　第三刷発行

著　者　江田健二
発行者　志賀正利
発行所　株式会社エネルギーフォーラム
〒104-0061 東京都中央区銀座5-13-3　電話 03-5565-3500
印刷・製本所　錦明印刷株式会社
ブックデザイン　エネルギーフォーラム デザイン室

定価はカバーに表示してあります。落丁・乱丁の場合は送料小社負担でお取り替えいたします。

　ISBN978－4－88555－478－0